文化创意旅游发展研究

——机制与模式

王　欣／著

北京·旅游教育出版社

责任编辑：于胭梅

图书在版编目（CIP）数据

文化创意旅游发展研究 ：机制与模式 / 王欣著. --
北京 ：旅游教育出版社，2018.5（2021.7 重印）
ISBN 978-7-5637-3721-5

Ⅰ. ①文… Ⅱ. ①王… Ⅲ. ①旅游业发展－研究－中国 Ⅳ. ①F592.3

中国版本图书馆CIP数据核字（2018）第077551号

文化创意旅游发展研究——机制与模式

王欣 著

出版单位	旅游教育出版社
地　　址	北京市朝阳区定福庄南里 1 号
邮　　编	100024
发行电话	（010）65778403　65728372　65767462（传真）
本社网址	www.tepcb.com
E - mail	tepfx@163.com
排版单位	北京旅教文化传播有限公司
印刷单位	北京虎彩文化传播有限公司
经销单位	新华书店
开　　本	710毫米×1000毫米　1/16
印　　张	12.75
字　　数	159 千字
版　　次	2018 年 5 月第 1 版
印　　次	2021 年 7 月第 3 次印刷
定　　价	49.00 元

（图书如有装订差错请与发行部联系）

总 序

北京旅游发展研究基地是北京市首批省部级哲学社会科学研究基地，成立于2004年。北京第二外国语学院作为主要建设单位，通过四方共建协议与北京市哲学社会科学规划办公室、北京市教育委员会、北京市旅游发展委员会共同建设基地。基地的建设宗旨是，以北京第二外国语学院北京市重点学科——旅游管理为基础，依托本校旅游管理学院、酒店管理学院、会展与经贸学、国际商学院、中国旅游人才发展研究院、旅游教育出版社，联合校外北京市旅游发展委员会、首都旅游集团、北京高校旅游研究机构等单位，整合旅游及相关研究优势资源，紧紧围绕首都及全国旅游业发展过程中有待研究解决的重大理论和现实问题展开研究工作，推动我国及北京旅游研究领域的拓展、研究方法的创新和研究水平的提高，有效拉升北京旅游教学、研究和旅游业发展在国际上的层次和地位。

在前四个三年建设周期中，基地在北京市哲学社会科学规划办公室等各级领导、部门的关心和指导下，在北京第二外国语学院校领导的大力支持下，通过与北京市旅游发展委员会及各区县旅游局、各旅游企业、高等院校和科研院所的合作，取得了一批高质量的成果，同时举办了具有社会影响并逐步形成品牌的重要学术会议，为北京市及全国旅游研究和旅游行业发展作出了应有的贡献，实现了基地的建设目标，取得了优异的成绩。

从前四个建设周期的经验来看，“狠抓标志性成果建设，打造权威报告，提供观点和理论研究成果”是实现基地建设目标的重要途径。新一轮建设周期（2017–2019），基地将继续秉承“前瞻视野、开放平台、权威报告、理论高地”的建设理念，努力实现“在充分满足北京市各类决策支持需求的前提下，抓住中国和国际旅游发展前沿的重大问题进行研究，做到‘北京旅游发展智库’和‘中国一流旅游学术研究机构’的统一”的建设目标。为此，基地学术委员会经讨论决定，为更好地发挥“智库”服务北京乃至中国旅游业发展，第五个建设周期重新整合确立了三个研究方向：由首席专家邹统钎教授领衔的研究方向“旅游发展战略与政策研究”，重点研究国家、首都与地方旅游发展战略与产业政策规制、旅游服务国家“一带一路”、“京津冀协同发展”、北京首都“四个中心”建设等重大战略，结合重大事件、重大项目研究，密切配合政府和有关机构，建设首都旅游专业智库，系统产出重要咨政成果；由基地学术委员厉新建教授领衔的研究方向“现代技术、大数据与旅游改革创新研究”，将基于人工智能、大数据等现代技术，一方面重点关注人工智能对旅游业发展的影响机制，另一方面重点关注旅游大数据与旅游者行为规律与机制研究、目的地营销创新研究、旅游产品及业态创新研究、旅游产业空间优化、旅游企业管理与服务优化、目的地在线声誉管理、旅游市场监管新模式；由学术委员谷慧敏教授牵头的研究方向“旅游企业发展与创新”，以旅游产业运行规律及企业管理为研究特色，重点关注酒店、旅行社、会展、健康服务、旅游分享经济、主题公园、民宿、餐饮等产业演化及标准，相关旅游类企业的投资融资、财务会计、市场营销、服务运营、组织行为、人力资源、国际化经营、企业社会责任的前沿理论及实践。

今年乃至今后几年，基地陆续出版的标志性成果主要体现在两个方面：面向北京市政府及其旅游管理部门和企事业单位提供的《北京旅游发展研究报告》；面向旅游学术研究领域、致力于旅游学科建设和人才队伍培养的《中国旅游企业发展年度报告》《中国旅游目的地发展年度报告》《中国在线旅游年度报告》《中国旅游法评论》等。

《北京旅游发展研究报告》作为北京市哲学社会科学重点规划项目，其目的在于对北京市旅游经济与旅游市场的整体发展、北京旅游各行业运行状况、旅游供需市场、旅游行政管理及年度热点与创新等问题进行充分研究和集中展示，以期对实践具有一定的指导作用。专家们将尽最大努力，在历年报告的基本框架基础上，对新的《北京旅游发展年度报告》，包括旅游行业发展趋势运行总报告、旅游业中各细分行业发展报告以及旅游热点及北京旅游产业运行状况进行全面阐述。

前期建设中，我们出版了《中国旅游法评论》、《中国景区发展年度报告》《中国在线旅游研究报告》《中国上市旅游企业社会责任披露与分析研究报告》以及《中国休闲与旅游研究峰会论文集》等，基地依托我校外语、旅游优势，从产业、行业、企业三个方面对我国旅游业进行了充分的研究，展示了基地专家原创和多元视角的研究成果。

新一期建设中，基地继续加强《北京旅游发展研究报告》的研究和出版工作，使其成为反映我国旅游业发展现状、发展趋势、行业热点以及最新学术理论的标志性成果。基地同时计划推出新一期《中国在线旅游研究报告》，结合大数据、电商、线上平台等新兴热点、趋势，为我国旅游业发展提供建议。

作为中国旅游教育和研究的中心和基地之一，北京第二外国语学院始终将旅游学科的发展作为学校的重要战略。北京旅游发展研究基地依托于二外，除了完成作为一个北京市市级研究基地本身应完成的任务外，也直接服务于国家整体发展战略。我们期待通过基地全体研究人员的不懈努力，推动我国旅游教育和旅游学科发展，促进旅游学术界与行业主管部门、旅游业界的密切合作，为国家建设旅游强国、为北京市旅游产业发展提供更优质的研究成果和最直接的智力服务，以承担起时代赋予我们的责任，完成学者的历史使命。

在此，我也代表基地衷心期盼业界同仁对我们的工作提出意见和建议，并且参与到基地及相关工作中来，共同努力，合作发展，为首都和中国旅游事业的发展作出新的贡献。

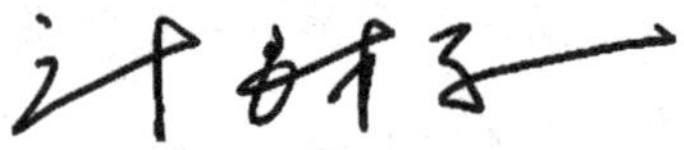

北京旅游发展研究基地负责人、学术委员会主任

北京第二外国语学院校长、教授、博士生导师

前 言

2018年中共中央印发的《深化党和国家机构改革方案》中，提出组建文化和旅游部的决议。同年4月8日，新组建的文化和旅游部正式挂牌。本书出版，恰逢文化与旅游融合发展的大好时机，但愿我们这一小小的研究成果，能为文化与旅游资源整合的市场调研尽微薄之力。目前，中国文化创意旅游的发展方兴未艾，很多理论问题的研究明显滞后于实践，这是值得我们不断进取、努力开拓的领域。

根据习近平总书记对文化的战略认识和要求，基于国家当前发展阶段，我们可以将发展文化创意旅游落脚于输出文化价值、服务国家战略。过去，我们通过旅游创汇增收，利用文化做旅游。现在，我们通过旅游建设文化、传播文化、输出价值，将文化作为树立国家自信、与全球旅游目的地角逐的核心武器。

曾经，无数来自世界各地的游客，长途跋涉到自由女神像前，去膜拜美国的“自由”和“先进”，去感受“美国梦”；各国游人在欧洲的艺术品和特色城镇中徜徉，去欣赏和赞叹欧洲的“正统”与“尊贵”；上世纪七八十年代，日本国民在国家政策的支持下走向世界各地，传递着具有日本文化价值特征的“友好”和“文明”，改善了日本的国家形象和对外合作局面。未来，中国同样需要这种服务于国家战略的文化旅游事业。

文化和旅游是中国最具比较优势的两大领域。除已利用或开放的世界遗产地、诸多文化景区之外，尚有大量文化资源（场所、机构、资本、社会团体和人员）未经充分和系统的整合、规划和利用。事实上，我们应该认清，互为支撑的文化和旅游，其融合创新发展不仅能获得多重效益，而且能支撑其他现代产业发展，进而实现城市和国家品牌可持续性营销与推广的目标。

文化和旅游均不是单一产业，而是两大产业（事业）群，两者没有清晰明确的边界，并且两大产业群的融合具有多元形态的特点。因此，实现文化与旅游融合发展，需要我们全面把握两大产业群融合创新发展特质，按产业发展规律办事；两者的融通与其说是孕育出一种新的产业，不如说是产生一种新的发展模式，即以构建和输出文化价值为目标，以当代精神产品（文化）为生产内容、以外向性（旅游）为市场特征，以体验性（旅游）为消费过程特征，广泛整合文旅资源要素，拓展产业链条，无边界地创造人们需要的高级精神食粮。

在发展文化创意旅游中，我们需要避免几大误区。一是泛文化论，即认为文化无处不在，每道菜品都有故事，每块石头都有名字，这不是真正的文化。我们要做的是有价值的文化，是真正堪当精神食粮的文化。二是文化评估学究化，过度偏向文化的考古价值、科学价值、历史价值、工程价值，忽视了文化的时代生活价值和哲学价值。三是旅游的经济指标化，衡量游客接待量、旅游收入等短期旅游经济指标，不应成为全球性大国文化事业发展的主要职责与任务。

未来，我们还有许多具体的工作要研究和实践。我们要编制规划，有计划的、主动的对外展示中国的魅力。要制定和实施文创人才集聚与引导政策，文艺家需要的不是废弃工业厂房，而是同类人的聚集、廉价的空间、商业变现的机遇。要使文化能够展现于城市最耀眼的地段，而不是苟活于偏僻的城郊乡村。要制定和实施金融支持方案，对具有国际竞争力的重点文创企业和产品、对重要非物质文化遗产传承人和相关机构、对文旅创业创新项目，从战略高度给予支持，并扶持相关基金和政策性金融产品发展。我们还要强化文旅融合创新发展的管理工作，宣传部门、文化和旅游管理部门、行业协会等机构应基于新的使命着手调整管理工作内容，使管理工作更加有效有力。

本书是国家社会科学基金项目（12CGL058）的主要研究成果。除课题组成员外，彭诗茗、陈徽、蔡凤参与了全书的研究和编撰工作，封面图片为云南丽江墅家玉庐汇，聂剑平提供。特此致谢。

王欣

2018年4月11日

目　录

第一部分　总　论

第二部分　基本类型与模式研究

第三部分　发展机制与理论研究

第一部分

总论

第一章 文化创意旅游的发展

一、文化创意产业兴起

20 世纪 90 年代，随着知识经济时代的到来，文化创意产业逐步兴起且迅速发展，受到了世界各国和一些组织机构的高度关注。文化创意产业兴起于特殊的时代背景，一是知识经济快速发展，二是体验经济时代的到来①，文化和创新成为全球竞争的新的制高点。英国首次使用“创意产业”的概念。1997 年英国创意产业特别工作小组提出“创意产业（CreativeIndustry）”概念。1998 年，英国在《创意产业专题报告》中将创意产业定义为：“源自个人创意、技巧和才华，通过知识产权的开发和运用，具有创造财富和就业潜力的行业②。”报告指出创意产业的范畴包括了广告、艺术、工艺品、设计、时装设计、电影与录像、互动休闲软件、音乐、表演艺术、出版、软件和电视广播、建筑、古玩市场等13个行业类别③，成为后来很多国家和地区发展文化创意产业的借鉴与依据。

① Ray C. Culture，intellectual property and territorial rural development［J］. Sociologia Ruralis，1998（1）：3–20.

② 吴存东，吴琼 . 文化创意产业概论［M］. 北京：中国经济出版社，2010.

③ 魏鹏举 . 文化创意产业导论［M］. 北京：中国人民大学出版社，2010：22.

不同国家或地区对文化创意产业的解释有所不同，出现过“文化产业”、“创意产业”、“版权产业”等许多概念。但总体上，文化创意产业的突出特征是知识的原创性，是高度融合了知识和文化的一种新型产业①。其中很多国家沿用英国的“创意产业”提法，美国和欧盟等还采用了“文化产业”或“知识产权产业”等概念。联合国教科文组织认为，文化创意产业是以文化或创意为基础，通过对知识产权的运用，能够创造财富、增大就业潜力，并提高生活环境的行业。“创意产业之父”约翰·霍金斯认为，全世界创意经济每天创造220亿美元，并以每年5%的速度递增，美国为14%，英国为12%，并以此方式预测，全世界创意经济到2020年将达到610亿美元。2006年中国的《国家“十一五”时期文化发展规划纲要》也强调了发展文化创意产业的重要性。

2006年12月，国家统计局北京调查总队与北京市统计局联合颁布了《北京市文化创意产业分类标准》，对文化创意产业进行了概念的界定：文化创意产业是指以创作、创造、创新为根本手段，以文化内容和创意成果为核心价值，以知识产权实现或消费为交易特征，为社会公众提供文化体验的具有内在联系的行业集群。并将文化创意产业划分为9个大类（包括文化艺术，新闻出版、广播、电影、电视、软件、网络及计算机服务、广告会展、艺术品交易、设计服务、旅游、休闲娱乐以及其他辅助服务），27个中类、88个小类。

目前，中国的官方表述主要采用“文化创意产业”②。在中共十五届五中全会上，文化产业被首次纳入国民经济和社会发展战略之中，随后相继出台的《文化产业振兴规划》和《国家“十二五”时期文化改革发展规划纲要》等一系列文件和规划将文化创意产业的发展上升到了战略性高度。北京作为中国的文化中心，发展文化创意产业的文化资源、人力资源和其他相关条件均具有特殊优势，以北京798艺术区、中关村创意产业园区等为代表的与文化创意相关的产业迅速发展起来。

---

① 厉无畏，王振．中国产业发展前沿问题［M］．上海：上海人民出版社，2003：186–187.

② 2009年国务院颁布的《文化产业振兴规划》．

二、文化创意与旅游融合产生文化创意旅游

文化创意产业与旅游业的融合即产生了所谓的文化创意旅游产业。文化创意旅游的发展历史很短，主要开始于20世纪90年代。2000年，CrispinRaymond与GreyRichards首次提出文化创意旅游的概念，即“游览过程中旅游者通过积极参与目的地国家或社区的文化或技巧学习，激发自身创意潜能，以体验目的地文化氛围的旅游形式”。随后，这一概念发生了变化，主要指的是某种产品类型或产品开发模式。2003年，创意旅游新西兰（CTNZ）认为，创意旅游是“通过非正式的、亲自动手的工场参与和创意体验提供了解地方文化的真实感的一种更为可持续的旅游形式”。2006年，创意城市网络提出：“创意旅游是可为旅游者提供具有原真性、参与体验性的旅游活动，学习当地艺术、传统以及具有特色的象征性文化。”同年，联合国教科文组织提出：“创意旅游是一种可为旅游者提供原真性、参与性与体验性的旅游活动，主要表现形式为学习当地艺术、传统以及具有当地特色的象征性文化，与当地居民互相交流，在生活中体验文化。”联合国教科文组织全球创意城市联盟（UNESCO Creative Cities Network）将其定义为：“参与导向的、真实体验旅游地的艺术、遗产或特色风情的旅行。”

国内学者基于产业和整个行业的视角，将创意旅游看作一种行业发展新路径和产业发展新模式，并归类于创意产业的衍生品。2007年，厉无畏等提出：“创意旅游是以创意产业思维和发展模式整合旅游资源、创新旅游产品、锻造旅游产业链，用以适应现代经济发展转型的全新旅游模式。”20世纪90年代以来，在体验经济成熟、知识经济发展、文化和创新得到全球重视的时代背景条件下，创意旅游产业迅速发展起来。

三、文化创意旅游产业发展现状

文化创意旅游发展迅速、前景广阔，具有特殊的文化附加值和精神体验价值，多种旅游和文化要素实现了重组和活化，大大拓展了产业发展空间。它具有较高的体验性、参与性、高附加值和高连带效应。其中，文化是创意

旅游的基础，创意互动是其关键，同时它又具有高流动性、依附性、不确定性等特征[①]。国外文化创意旅游产业的发展主要包括重大标志性或旗舰项目、大型事件活动、主题化产品以及遗产的开发等模式，其发展前景受到英国、世界旅游组织、欧盟旅行委员会等的重视。例如许多旅游目的地用标志性建筑来彰显地方形象，如英国北部的Gate shead用北方天使雕塑。有些城市经营某种文化主题来凸显自己，如纽约把自己定位于世界文化中心。英国谢菲尔德打造狂欢城市。还有新加坡、东京等国家或城市也高度重视文化创意旅游产业的发展。

由于国外文化创意旅游产业的发展时间很短，中国与发达国家的差距较小。中国的文化创意旅游出现了文化创意旅游产品、文化创意旅游接待设施、创意景观、文化创意旅游活动、文化创意旅游社区等基本模式以及构建旅游创意园区、发展动漫和影视、举办旅游节庆活动，拓展一些地方发展实践等[②]。以世界之窗、宋城、大唐芙蓉园、清明上河园等为代表的一批投入巨大的文化主题公园在全国范围内快速发展起来，甚至以“印象系列”为代表的旅游演艺模式在国际上居于领先水平，成为中国旅游业发展的重要特色和模式。相比西方主题公园中常见的表演项目，中国的此类产品已有显著的创新和发展，并且开始向国外输出，成为中国旅游走向国际舞台的重要标志。

当前，消费需求不断提升带动旅游业和文化创意产业融合发展。世界旅游组织研究表明，当人均GDP达到2000美元时，旅游快速发展；当人均GDP达到3000美元时，旅游需求呈现爆发式增长；当人均GDP达到5000美元时，消费者的消费能力增强，休闲和度假需求呈现多元化态势。我国人均GDP在2008年突破3000美元，2011年突破5000美元，2015年超过8000美元。同时，由于国家法定节假日的调整以及带薪休假制度的深入推行，中国人每年的闲暇时间达到120天以上。随着经济水平的提高以及闲暇时间的增多，旅游者的旅游需求有了很大的提高，人们旅游的动机得到加强，而且越来越追求个性化、多样化、品质化、体验化的旅游产品。文化创意产业的文

① 周钧，冯学刚．创意旅游及其特征研究［J］．桂林旅游高等专科学校学报，2008，19（3）．

② 李勇，佟连军，张娜．吉林省旅游创意产业发展研究［J］．人文地理，2008，23（4）：84-88.

化内涵和创意性恰好符合旅游者的这种无形追求。而随着消费需求的变化，文化创意产业也需要增加其休闲娱乐性和体验性，这在旅游经历中都能体现，旅游业是其实现功能延伸和升级的有效和重要手段。因此，消费需求的提高成为推动旅游业和文化创意产业融合发展的根本动力。

文化旅游企业助推了旅游业和文化创意产业融合发展。消费需求的变化，在产品和服务标准方面给企业提出了新的要求。旅游企业和文化创意企业自发提升产品和服务，优化了旅游业和文化创意产业，推动了旅游业和文化创意产业的融合发展。现代旅游者追求个性化、参与性、体验性，文化创意产业的产品形式更符合现在大众的这种需求，旅游企业便引入创意，开发文化创意旅游产品。如广西文华艺术公司推出的《印象·刘三姐》就是把文化创意运用到传统旅游产品中的成功案例。桂林山水天下第一，但也只是一个单纯的旅游景点。而通过在晚间时候增加《印象·刘三姐》大型山水实景表演，延长了游客的停留时间，更给桂林带来了额外旅游效益。印象系列的创意也因此获得了巨大的成功。

旅游业的进入能够扩展文化创意产业的休闲娱乐功能，增强体验性，同时，旅游经历能够增强消费者对文化创意产品的认同感，提高文化创意产品的市场知名度。北京 798 艺术区最初功能主要是文化创意产品的设计、制作、交易等，后来通过设立供旅游者体验和参观的旅游功能区，成功地将文化创意产业区打造为知名的文化创意旅游景点。通过旅游功能的延伸，吸引了大量游客，迅速提升了园区和产品的知名度，促进了文化创意产业的发展。

开发文化创意旅游产品是企业对旅游业和文化创意产业融合发展的重要实践。万达文化旅游城是万达文化产业的重要载体，是万达借助多年在商业、文化以及旅游产业积累的丰富经验，投入大量资金，打造的文化创意和旅游深度融合的文化创意旅游产品。现在万达已经拥有长白山国际度假区、西双版纳国际度假区等 12 个文化旅游城项目。借助文化旅游城项目，万达成功地实现了文化和旅游的融合。

我国各级政府出台政策引领旅游业和文化创意产业融合发展，文化创意产业、旅游产业以及城市经济的各个方面协调发展，离不开政府的大力扶持和推动。2011 年 10 月中共十七届六中全会通过的《中共中央关于深化文化体制改革推动社会主义文化大发展大繁荣若干重大问题的决定》，明确提出推动文化产业与旅游等产业的融合发展，以创意为核心增加相关产业文化含量以提高附加值。2014 年 5 月，《国务院关于推进文化创意和设计服务与相关产业融合发展的若干意见　国发〔2014〕10 号》明确提出统筹各类资源，加强协调配合，着力推进文化软件服务、建筑设计服务、专业设计服务、广告服务等文化创意和设计服务与装备制造业、消费品工业、建筑业、信息业、旅游业、农业和体育产业等重点领域融合发展。根据不同地区实际、不同产业特点，鼓励先行先试，发挥特色优势，促进多样化、差异化发展。一系列相关政策的出台为文化创意以产业和旅游创意产业融合发展指明了方向。《北京市“十二五”时期文化创意产业发展规划》提出积极发展文化旅游，《北京市文化创意产业提升规划（2014—2020 年）》以及《北京市推进文化创意和设计服务与相关产业融合发展行动计划（2015—2020 年）》提出推动文化和旅游等产业的融合，赋予旅游产业更多文化内涵。一系列提升旅游业发展质量的政策为北京市旅游业和文化创意产业融合发展提供了有力的支持。

第二章 研究综述

一、概念研究

Pine 和 Gilmore 最早提出在传统旅游业中引入文化创意元素，在其著作《体验经济》中认为：在体验消费时代，文化旅游产业中的供应商之间的激烈竞争会引导他们把产品供应提高到一个新的阶段，经营者利用创意手段和过程，通过引导游客体验去完善自己，来创造新型的经济价值①。Richards 和 Raymond（2000）最早提出了创意旅游的概念，即：在旅行过程中通过积极参与学习体验，从而达到发展旅行者创意潜能的活动。Richards（2005）认为创意旅游的最大特点在于主动学习而非被动观赏，在实现个人自我发展的同时也促进经济发展②。

我国学者厉无畏等（2007）认为，创意旅游是一种发展模式，是用创意产业的思维方式和发展模式整合旅游资源、创新旅游产品、锻造旅游产业链的创新活动。周钧、冯学钢（2008）认为，创意旅游是以文化为本位的旅游产品，是以旅游者与旅游目的地之间的创意性互动为核心要素的一项旅游产

---

① PineB. J.，GilmoreJ. H. The Experience Economy［M］. Harvard University Press. 1999.

② Richards，G. Creativity：A New Strategic Resource for Tourism［J］. International Journal of Cultural Policy，2005（9）：32–43.

品。蔡培卿（2008）将创意旅游定义为：是以时尚元素，配合高科技手法，突破传统旅游产品的静态和单调，吸引现代游客的眼球与消费欲望的产业模式。[①]白凯（2009）对张艺谋的“印象系列”进行归纳，将旅游文化创意产业定义为：在政府主导和支持下，通过创意者“天赋”对高社会知名度文化主题进行创意生产并使其旅游商品化的新兴行业[②]。潘善成（2010）认为，文化创意旅游产业是指文化创意产业在旅游领域的传承和延伸[③]。王慧敏（2010）提出，文化创意旅游是一种与传统的自然山水观光旅游不同的旅游发展模式，它以文化为核心，以创意为手段，以技术为支撑，以市场为导向，创造多元化的旅游产品载体，形成产业联动效应，促进城市和区域经济的文化创意化转型。王兆峰等（2010）认为，文化创意旅游产业就是在发展旅游的过程中，以当地文化底蕴为依托，融入人为的无限创意而发展起来的一种产业模式[④]。曹雪稚等（2012）认为，文化创意旅游产业是将抽象的文化旅游资源通过各种文化创意活动形成旅游者可以体验参与的活动，并将经济属性融入文化当中，使文化转化为具有高度经济价值的“精致产业”[⑤]。

到目前为止，有不少相关专家都提出了自己对“文化创意旅游”的理解，并归纳出相关概念，但核心意思始终围绕“文化创意”与“旅游”的结合，只是阐述角度及其延伸有所不同而已。

二、发展特征研究

厉无畏等（2007）认为，相对于传统旅游发展模式，创意旅游强调对各类资源的多维化整合，对未来文化遗产的创造，对旅游消费潮流的引领和塑造，对旅游产业链的拓展和延伸，以及区域整体价值的提升。孙刘伟、伍进等

① 蔡培卿．旅游无边界产业集成的形成机制研究［D］．［硕士学位论文］．厦门：厦门大学，2008.

② 白凯，原勃．扎根理论下的印象系列分析［J］．陕西行政学院学报，2009，23（1）：15-20.

③ 潘善成．旅游文化创意产业成为旅游业发展的新空间［J］．安徽农学通报，2010，16（9）：173-174.

④ 王兆峰，黄喜林．文化旅游创意产业发展的动力机制与对策研究［J］．山东社会科学，2010（9）：118-122.

⑤ 曹雪稚，王世亮．文化创意旅游产业发展的必要性及途径探索［J］．湖北经济学院学报（人文社会科学版），2010，6（7）：34-35.

（2010）提出，文化创意旅游产业的独特性主要表现在：基于创意元素与旅游元素的完美融合；产品具有较高的体验性和参与性；产业具有较高的连带效应①。厉无畏等（2007）认为创意旅游将引领旅游产业的转型，促进旅游产业价值体系的形成与增值，推动城市经济再上新台阶。王慧敏（2010）指出创意旅游有利于扩大城市品牌的公信力和影响力，是城市的特色化转型之路。方澜（2010）认为，其核心理念是智力发掘，特殊手段为情景设计，主流价值为文化体验，本质属性乃持续发展②。我国学者对文化创意旅游特征及意义研究相对较少，且比较零散，缺乏系统性。在此方面有待进一步的研究与发现，见表1–1。

表1–1　文化创意旅游特征

作者	年份	内容
厉无畏等	2007	强调各类资源的多维整合、对未来文化遗产的创造、对旅游消费潮流的引领和塑造，强调旅游产业链的拓展和延伸以及区域整体价值的提升
周韵、冯学刚等	2008	以文化为本位的旅游产品，具有高品位、高流动性特点；以产品中的创意元素为基准，具有双向性、高附加值；需要旅游者与旅游目的地共同协作
潘善成	2010	旅游文化创意产业是将旅游资源与文化创意有机结合，实现优势互补；以创造性的产品延伸文化旅游产业链；将实景现场与高科技奇观相结合，充分利用山水楼阁亭台等原有物质实景，营造视觉震撼
孙刘伟、伍进等	2010	旅游文化创意产业基于创意元素与旅游元素的完美融合，具有较高的体验性和参与性，且具有较高的连带效应

三、发展模式研究

目前，我国学者对旅游创意产业的整体发展及发展模式方面的研究相对较多。原勃、白凯（2008）提出，创意旅游产业的发展应遵从以传统文化为

① 孙刘伟，伍进．基于体验经济的桂林旅游文化创意产业发展研究［J］．科技和产业，2010（10）：9–11.

② 方澜．试论创意旅游可持续发展的有效途径［J］．商业时代，2010（19）：115–116.

基础，以创意资本为支持，以游客技能提高为导向，以创意活动过程为手段，以实现游客自我提升为目的。郑斌（2008）从“一站式体验”的角度出发，将文化旅游创意产业园区开发的主流模式总结为：主题公园模式、影视（动漫）基地模式、艺术园区模式、节庆演出基地模式和新型街区模式[①]。蒋莉莉（2010）则认为创意旅游发展模式主要包括创意旅游的资源转化模式、旅游商品开发模式、旅游产业提升和城市功能转型模式、连锁经营模式、非物质文化遗产的保护性开发模式等[②]。夏小莉等（2009）总结了文化创意旅游产业发展的模式与效应，即用创意挖掘旅游资源，创造旅游产品，强化旅游营销，引领旅游消费[③]。卢云亭等（2010）、秦其文（2010）和王兆峰（2010）分别对创意旅游农业的发展模式[④]、民族文化旅游创意产业开发模式[⑤]和文化创意旅游产业商业模式进行研究，其中，商业模式主要包括产业发展的环境、产业价值的主张、产业价值的实现模式以及产业价值的延伸等几个方面[⑥]。王兆峰、杨琴（2010）基于产权理论，对民族文化创意旅游产业发展与产权保护的内在相关性进行研究，并从文化创意旅游的创造、开发、营销和消费等价值链各个环节探讨了产权保护的重点与机理[⑦]。李永菊（2011）指出我国文化创意旅游目前主要有 4 种发展形态，即以桂林山水实景演出《印象·刘三姐》为代表的旅游文化演出，798、宋庄为代表的旅游文化街区，哈尔滨冰灯节、青岛国际啤酒节等为代表的旅游文化节庆，以及旅游文化主题公园[⑧]。王欣（2012）认为，文化创意旅游发展包括创意产品、创意设施、创意景观、创意

① 郑斌，刘家明，杨兆萍．基于“一站式体验”的文化旅游创意产业园区研究［J］．旅游学刊，2008，23（9）：49-53.

② 蒋莉莉．文化创意旅游产业发展模式的国际经验研究［J］．商业研究，2010（11）：52-53.

③ 夏小莉，王兆峰，谭必四．文化创意旅游产业发展研究——基于产业价值链的视角［J］．中国集体经济 - 文化产业，2009，11（下）：136-137.

④ 卢云亭，李同德，周盈．创意旅游农业开发模式初探［J］．农产品加工（创新版），2010（1）：31-33.

⑤ 秦其文，王兆峰，雷丽蓉．民族文化旅游创意产业商业开发模式研究［J］．旅游研究，2010（3）：40-47.

⑥ 王兆峰．湘西凤凰县民族文化旅游创意产业商业模式研究［J］．湖南师范大学社会科学学报，2010（2）：88-92.

⑦ 王兆峰，杨琴．基于产权理论的民族文化旅游创意产业发展研究［J］．贵州民族研究，2010（5）：99-104.

⑧ 李永菊．文化创意旅游产业的内涵［J］．集体经济，2011（05）：137-138.

活动和创意社区等类型[①]。

我国学者对文化创意旅游的模式研究较为丰富，既有对开发及商业模式的归纳，也有对发展模式、类型及形态的总结，更有对文化创意旅游中某一类型产品发展模式的探究，研究相对深入，对现实的指导意义较强。

四、产业融合研究

杨娇（2008）在其硕士论文《旅游产业与文化创意产业融合发展的研究》中，率先利用产业融合理论，剖析了旅游产业与文化创意产业的融合机制[②]，是一篇较早地从产业融合视角系统探讨旅游与文化创意产业融合发展的研究文献。高静、刘春济（2010）认为创意产业与旅游产业的融合主要表现于产业范畴交叠、空间共享和需求融合三个层面[③]。丁宁（2011）从创意产业、产业融合和旅游创意产业的基本理论入手，运用系统分析法构建了旅游产业融合发展的过程模型，重点研究了旅游创意产业融合发展的机理[④]。荆艳峰（2012）对文化创意产业与旅游业的集成模式做了研究，提出了文化创意产业与旅游业集成的切入点[⑤]。李洋洋（2010）对我国文化创意产业与旅游业的融合基础、驱动因素以及融合动力系统机制等进行分析，提出了我国文化创意产业与旅游产业融合的三种模式，并结合具体案例进行了详细说明和分析[⑥]。刘艳兰（2009）利用文化与旅游产业融合模式，对阳朔《印象·刘三姐》进行了实证分析[⑦]。伍鹏（2012）提出文化创意产业和旅游业在景区开发、旅

① 王欣．中国文化创意旅游的发展与思考［J］．学术交流，2013（10）：102-105.

② 杨娇．旅游产业与文化创意产业融合发展的研究［D］．［硕士学位论文］．杭州：浙江工商大学，2008.

③ 高静，刘春济．论创意旅游——兼谈上海都市旅游的提升战略［J］．旅游科学，2010，24（3）：12-19.

④ 丁宁．旅游创意产业融合发展研究——以大连为例［D］．［硕士学位论文］．大连：辽宁师范大学，2011.

⑤ 荆艳峰．文化创意产业与旅游业的集成模式研究［J］．学术论坛，2012（1）：74-76.

⑥ 李洋洋．我国文化创意产业与旅游业融合模式研究［D］．［硕士学位论文］．北京：北京第二外国语学院，2010.

⑦ 刘艳兰．实景演艺：文化与旅游产业融合的业态创新——以桂林阳朔《印象·刘三姐》为例［J］．黑龙江对外经贸，2009（8）：105-111.

游品牌节庆策划、旅游市场营销、旅游商品开发等方面可以实现融合和良性互动[①]。罗清等（2013）通过对通州旅游文化创意产业发展背景、原则的分析，提出了通州区旅游产业与文化创意产业融合的主要路径和战略措施[②]。

此外，一些学者从具体的文化创意业态出发，探讨了文化创意产业与旅游业的融合发展。杨颖（2008）从业态多样性现象对旅游业与创意产业融合后的转型发展进行了研究[③]。李美云（2008）论述了动漫产业与旅游业的互动发展[④]。陆晓清（2009）分析了网络游戏业与旅游业的产业融合趋势与发展前景[⑤]。杨颖（2009）从产业内涵、价值传递、影响方式、空间布局及产业与城市竞争力关系等方面对旅游业和创意产业进行比较分析，提出了"旅游可以创意化，创意可以旅游化"的发展理念[⑥]。梁福兴（2010）就童话动漫旅游文化创意产业的概念界定、基本特点、创意理论、发展模式等问题，提出了一些理论性参考意见[⑦]。李霞（2013）从经济学、生态学、社会学的视角出发，对乡村旅游与文化创意产业的融合模式进行探索，提出了一个"中心—后向—旁侧—前向"的乡村旅游与文化创意产业融合发展的新模式[⑧]。

文化创意产业与旅游业融合与集成研究方面，既有对具体融合的表现、模式、基本理论、机制机理、影响因素等方面的研究，也有对具体案例的实证分析，研究相对深入和具体。此外，对具体的文化创意旅游业态的研究也有一些涉及。

刘洁（2010）从文化创意产业的概念界定、旅游需求两个方面讨论了文化创

① 伍鹏．文化创意产业与旅游业融合互动发展刍议［J］．宁波大学学报，2012，25（1）：76-80.

② 罗清，王琦，马欣．北京市通州区旅游产业与文化创意产业的融合［J］．东方企业文化产业经济，2013（19）：263-264.

③ 杨颖．从业态多样性现象透视旅游业转型发展——以旅游业与创意产业融合为例［J］．旅游论坛，2008，1（3）：379-382.

④ 李美云．论旅游景点业和动漫业的产业融合与互动发展［J］．旅游学刊，2008（1）：56-62.

⑤ 陆晓清．论网络游戏业与旅游业的产业融合［J］．重庆邮电大学学报（社会科学版），2009，21（1）：42-45.

⑥ 杨颖．旅游业与创意产业的融合——基于产业比较视角的研究［J］．南京人口管理干部学院学报，2009，25（1）：67-70.

⑦ 梁福兴．童话动漫旅游文化创意产业研究的几个概念问题［J］．高教论坛，2010（4）：126-129.

⑧ 李霞．文化创意产业与乡村旅游产业融合发展研究——以郑州为例［D］．［硕士学位论文］．开封：河南大学，2013.

意产业与旅游的关系[①]。王凯等（2011）以798艺术区为例，通过游客期望、游客体验、游客评价、后旅游4个旅游活动阶段构建了文化创意型旅游地游客满意度指数测评模型，并进行了实证分析[②]。曾琪洁（2012）通过旅游者问卷调查，以上海世博会为研究对象，指出旅游者不再满足于传统的观光形式和内容，多元性、娱乐性、符号性、实用性和虚拟性的需求逐渐成为文化创意旅游体验过程中“自我发展”的重要特征[③]。可见，我国学者对文化创意旅游需求方面的研究，主要集中于案例分析或实证分析，对其理论方面的研究较为欠缺，有待进一步探究。

五、产品开发研究

我国对文化创意旅游的产品开发领域的研究也比较多见。傅晓（2007）指出文化创意旅游产品实际上是文化创意产业吸引物和旅游六要素的结合形成的产品，可分为成熟型文化创意旅游产品、新兴型文化创意旅游产品和事件型文化创意旅游产品三大类别[④]。王菲（2008）阐述了文化创意旅游产品开发应该秉持鲜明特色与高品位开发，高科技引导，多形式旅游，长远眼光看发展以及注重可持续发展等原则[⑤]。程超功（2009）构建了文化旅游产品的文化性评价体系[⑥]。李烨（2010）以创意营销理念为研究视角，探讨了红色旅游品牌培育问题。[⑦]粟娟（2010）提出了事件文化创意旅游产品这一新概念，认为事件型文化创意旅游产品是当前文化创意旅游产品中最具吸引力的产品[⑧]。

---

① 刘洁.文化创意产业与旅游产业关系研究［J］.经济研究导刊，2010（1）：155-156.

② 王凯，唐承财，刘家明.文化创意型旅游地游客满意度指数测评模型——以北京798艺术区为例［J］.旅游学刊，2011，26（9）：36-44.

③ 曾琪洁，吕丽，陆林，朱付彪.文化创意旅游需求及其差异性分析——以上海世博会为例［J］.旅游学刊，2012，27（5）：103-111.

④ 傅晓.文化创意旅游产品研究——以广州中心城区为例［D］.［硕士学位论文］.广州：华南师范大学，2007.

⑤ 王菲.文化旅游创意开发初探［J］.产业与科技论坛，2008，7（5）：51-52.

⑥ 程超功.文化旅游产品评价体系研究——以无锡灵山为例［J］.现代商贸工业，2009（7）：13-15.

⑦ 李烨，陆军.创意旅游视角下的红色旅游品牌培育研究［J］.市场论坛，2010（2）：49-51.

⑧ 粟娟.基于RMP的事件型文化创意旅游产品开发［J］.资源开发与市场，2010，26（10）：940-943.

王艳、高敏（2012）从提升旅游文化效益与内涵的角度，对旅游发展中文化创意及其产品现实需求方面进行思考，提出了文化创意旅游产业全程价值链研究的新课题①。

文化创意旅游产品的研究较为具体，如对相关产品的分类、开发原则、评价体系、品牌培育、效益及内涵等的研究，研究的实践价值较高，但研究仍未形成体系，有待进一步深化与系统化。

文化创意产业也称创意产业，20世纪90年代以来，在体验经济成熟、知识经济发展、文化和创新得到全球重视的时代背景条件下迅速发展起来。1998年出台的《英国创意产业专题报告（Creative Industries Mapping Documents）》中首次明确提出创意产业概念："源自个人创意、技巧和才华，通过知识产权的开发和运用，具有创造财富和就业潜力的行业"，主要涵盖广告、建筑、艺术和古玩市场、工艺品、设计、时装设计、电影与录像、互动休闲软件、音乐、表演艺术、出版、软件和电视广播等十三类行业。创意产业是具有原创性，明显知识经济特征和高度文化含量的一种产业②，越来越多的国家和地区将创意产业作为经济发展新的增长点。我国在中共十五届五中全会上将文化产业纳入国民经济和社会发展战略之中。《文化产业振兴规划》和《国家"十二五"时期文化改革发展规划纲要》等一系列文件和规划将文化创意产业的发展上升到了战略性高度。

六、产业实践研究

目前，我国学者对文化创意旅游发展研究的对象不仅包括文化创意旅游发展较好的地区或城市，如桂林、张家界等，还对发展较为滞后的地区也进行不少探讨。贾苗苗（2010）将创意旅游作为旅游发展的新突破口，强调对传统发展模式的革新③。赵立禄等（2010）分析了桂林发展旅游文化创意产业

---

① 王艳，高敏.论文化创意与旅游发展研究的必要性［J］.无锡商业职业技术学院学报，2012，12（4）：34-37.

② 厉无畏.创意产业导论［M］.上海，学林出版社，2006：1-5.

③ 贾苗苗，韩雪.河北旅游创新发展新思路——创意旅游［J］.学理论，2010（24）：142.

的基础和必要性，并探讨了发展对策[①]。廖明星（2012），胡永红（2010），张润（2011）分别分析了民族文化资源丰富的张家界[②]、河南[③]及毕节[④]发展文化创意旅游的有利条件，对应提出了发展策略。甘莹（2011）在分析文化创意旅游产业对广西文创发展意义的基础上，对广西文化创意旅游产业发展进行了SWOT分析，由此提出了发展对策[⑤]。柯涌晖等（2011）对闽台文化创意旅游产业发展规律、重组、优化和转型等进行了分析，提出了通过发展区域特色的创意旅游，打造创意性的闽台文化旅游产品体系，构建闽台旅游与文化创意产业协作发展的平台等策略[⑥]。任兰存（2012）借鉴内生态位和外生态位理论及对波特钻石模型分析了影响文化旅游创意产业生态位六大核心因素，由此提出了镇江市发展文化创意旅游产业的相关策略[⑦]。韩冰（2012）借鉴西方文化旅游创意，研究了推进秦皇岛文化旅游发展的相关情况[⑧]。洪燕云等（2013）分析了常州文化创意旅游发展的优势和意义，提出了常州文化创意旅游发展的对策与建议[⑨]。胡晓锋（2013）利用SWOT分析法对赤壁市旅游发展现状进行分析，指出旅游服务业和文化创意产业的融合，可以快速提升资源禀赋依托型旅游服务业的附加值，为旅游产业勾画了“灿烂的微笑曲线”[⑩]。崔艳艳（2013）对驻马店传统旅游发展存在的问题进行分析，指出将创意产业与旅游文化结合起来，可有效提升驻马店的旅游形象[⑪]。此外，还有多名学者

① 赵立禄，段文军，牛洪霞.桂林旅游文化创意产业发展研究［J］.市场论坛，2010（7）：76-78.

② 廖明星.张家界文化旅游创意产业发展的必要性与对策研究［J］.经济研究导刊，2012（5）：76-77.

③ 胡永红.河南省创意旅游发展研究［J］.南阳师范学院学报，2011（3）：64-66.

④ 张润.以文化创意助推毕节旅游业转型升级初探［J］.乌蒙论坛，2011（4）：60-63.

⑤ 甘莹，郭峦，陈红玲.广西文化创意旅游产业发展初探［J］.沿海企业与科技，2011（6）：72-75.

⑥ 柯涌晖，赵明，陈白璧.闽台旅游与文化创意产业融合发展策略研究［J］.韶关学院学报（社会科学），2011（9）：123-129.

⑦ 任兰存.镇江市文化旅游创意产业差异化定位及发展策略研究［D］.［硕士学位论文］.镇江：江苏科技大学，2012.

⑧ 韩冰.借鉴西方文化旅游创意，推进秦皇岛文化旅游发展［J］.华章，2012（22）：39.

⑨ 洪燕云，演克武，徐燕.常州市文化创意旅游产业发展及其对策研究［J］.江苏技术师范学院学报，2013，19（3）：77-81.

⑩ 胡晓锋.赤壁市旅游与文化创意产业发展研究［J］.旅游纵览（下半月），2013（10）：107-108.

⑪ 崔艳艳.驻马店旅游文化创意产业发展对策分析［J］.龙岩学院学报，2013，31（3）：73-76.

指出创意旅游是区域旅游发展的新思路和新途径，对区域旅游业的发展和旅游竞争力的提升十分有利。

鉴于文化创意旅游发展具有较强的实践意义，较多学者分别对其所处地区或感兴趣地区的文化创意旅游发展进行了相关研究，其中，大多为实证研究，即通过具体分析某地区文化创意旅游发展的意义、优势条件或相关问题，对应提出发展对策或思路，为当地文化创意旅游的发展提供理论指导意义。

七、不足之处及未来的趋势

总体上，我国学者对文化创意旅游的研究仍处于初级阶段，主要是从文化创意旅游产业的宏观层面进行概念研究以及对文化创意与旅游产业的融合方面进行相关研究，或者从创意旅游产品的开发、创意旅游的发展模式等方面进行理论阐述，而真正从实证角度，通过数据分析来深入剖析文化旅游创意产业的发展现状及发展规律的文献却非常少见，有待进一步的探讨和研究。

研究方面存在的主要问题包括：

第一，一些概念与内涵研究不够深入，我国学术界对文化创意旅游并没有统一的概念界定，"创意旅游"与"文化创意旅游"概念的混合使用十分普遍，学术界对此尚未做出严格的界定和说明。对旅游文化创意或文化旅游创意等重要概念的解读，经常出现"旅游文化创意 = 旅游 + 文化创意"、"旅游文化创意 = 旅游文化 + 创意"、"旅游文化创意 = 旅游 + 文化创意产业园"等偏向和误读。Richards 提出的创意旅游概念旨在说明游客在旅游过程中主动地学习而非被动观赏，进而丰富体验，开发潜力。我国部分学者仍然使用创意旅游的概念，但所指内容与 Richards 提出的"创意旅游"概念并不相符，我们提出的创意旅游是通过挖掘文化内涵，借助高科技实现旅游的创意化发展，从而提高旅游体验度。国外对创意旅游的基本概念更多地强调旅游者在创意旅游活动中的主体地位，而我国学者对创意旅游的诠释更多站在经营、规划者的角度出发，两者出发点并不相同。笔者认为由于文化创意旅游的主体不同，文化创意旅游的定义自然也会有所侧重。但是，文化创意旅游的特征与核心要素是其本质部分，不应有变，因此，在对文化创意旅游进行研究中，把握好文化创意旅游的特征及其核心要素为基本要求。

第二，研究视角较为有限。我国文化创意旅游研究无论是研究对象和内容，还是宏观层面的政策研究以及一些城市、景点景区的文化创意研究，都停留在产业层面，缺乏系统化的产业规律论述，缺少对旅游文化建设的本质、文化创意旅游的内涵的深层次研究。2008年以后很少有学者对文化创意旅游的内涵进行深入研究，学者们的眼光大多转移到地方旅游发展对策和途径上，提出了看似不同实则类似的发展模式、发展对策及建议。学界不论是对创意旅游问题，还是对旅游创意、文化创意与旅游等问题的研究，大多还是从旅游业的一贯模式出发来展开论述，然而，综合时代特征、产业环境、产业阶段等宏观因素，对旅游产业当前阶段的产业特质、本质属性、发展动力、发展趋势等的深度研究还比较少。在研究方法和理论上，绝大多数属于定性研究，即便是案例研究也缺乏定量、实证研究的支撑，缺乏产业融合战略的高度和视角，以及跨学科的综合性研究。

由于文化创意产业与旅游产业的融合发展受到实际情况的制约，目前我国旅游产业融合研究尚处于起步阶段，学术界对文化产业与旅游产业互动、共生、融合的理论研究相对匮乏，实践研究的对象往往侧重于某一具体产业与旅游产业的融合，研究内容也主要是融合的现象、形式及对策等方面，完全没有达到全面和系统的层面。其中，从文化创意旅游发展路径，文化创意与旅游产业融合机制、业态、模式等产业全价值链的角度进行的相关研究仍不够深入和丰富。另外，结合具体实例，利用数据模型，对地方文化创意产业与旅游产业融合的研究更是少见。关于创意乡村旅游的研究，主要集中在创意农业旅游方面，研究内容较为片面。其中，针对文化创意产业和农业旅游融合现象进行了初步的探讨和描述，从文化创意产业、旅游产业的实践方面进行了总结和研究，主要倾向于对文化创意产业和乡村旅游融合的策略进行探讨，而将融合模式与产业分析结合起来，进行系统地研究与阐释，仍有待进一步深入。

文化创意旅游产业不仅可以促进旅游资源的开发，满足旅游者的心理需求，丰富旅游业的精神文化内涵，还可以促进旅游业的可持续发展，故对文化创意旅游进行更深入的研究显得尤为重要。

在文化创意旅游研究方面，未来的方向可能在于：

第一，拓宽研究领域，注重产业实践。目前，关于文化创意旅游发展的模式、对策研究较多，但就文化创意旅游在乡村旅游、红色旅游等具体类型的旅游中，仍有很多新的研究视角和内容，如发展内涵、发展意义、发展方向和发展模式等。在我国文化创意旅游快速发展，在文化主题酒店、文化主题公园和文化演艺项目大量涌现的实践背景下，学术界和产业界从多个角度进行了相关探索，包括文化内容选择（如西方的、中国传统的）、技术创新（如3D视频）、艺术手段创新（如山水实景演出）、规模与感官刺激（如器械类娱乐及大型山水实景演出）等，既有成功案例，也有失败教训。同时随着越来越多的地区重视发展创意旅游，文化创意旅游产业化发展的问题也逐渐显现。城市发展也越来越倾向于借鉴其他城市的做法，导致发展模式千篇一律，缺少创新。一些成本高昂且影响和效益有限的大型文化创意旅游活动频繁举办，其发展值得重新审视和思考。

另外，学者们对创意产业的定性分析越来越多，如何定量分析创意产业发展成为亟须关注和研究的问题。目前许多国家和城市都提出了自己的创意指数，但指标体系的内容和范围各异，因此缺乏可比性，构建统一且受大众认可的文化创意旅游指数也可成为重要的研究方向。

第二，从需求入手探索产品与产业内核。旅游者作为旅游活动的主体，正在从被动消费者向自我构建者转变，游客需求的研究有助于了解我国旅游的市场需求和空间大小，帮助文化创意旅游开发者对市场需要的认识更加明晰。文化创意产业通过创造力对既有文化进行创新开发和突破发展，将知识的原创性与变化性融入具有丰富内涵的文化之中，使之与旅游资源和活动经营结合起来，从而将沉寂的历史文化内涵转变成鲜活的旅游文化产品，活化文化旅游资源，为人们提供具有知识性、艺术性和趣味性的体验消费性旅游产品。另外，文化创意旅游通过“感受力”和“故事力”，可为游客的潜在需求欲望提供释放空间，同时也为旅游价值的扩展提供新的渠道，从而使得消费者在旅游活动中获得更多新的感受和体验，包括好风景和好意境。因而，从游客感知角度以及游客需求角度出发，通过扎根理论、内容分析等实践性研究方法进行研究，对文化创意旅游产业的发展具有重要意义。

第三章
基本发展模式

一、创意产品

主要包括主题公园、文化创意演艺、创意园区（具有旅游体验功能的）、个性体验产品、创意型旅游商品等具体类型。其中主题公园和文化创意演艺是较为典型的形态。中国近年来主题公园发展很快，形成了包括深圳华侨城系列（世界之窗、中华民族园、欢乐谷系列）、陕西的大唐芙蓉园、杭州的宋城等一批投资大、创意水平高、旅游吸引力较大的主题公园产品。文化创意演艺产品除了前述的印象系列外，中国很多旅游目的地都投入巨资开发了文化创意演艺节目，如河南嵩山“禅宗少林·音乐大典”，陕西西安“长恨歌”等。

二、创意设施

主要包括主题酒店和一些具有旅游体验功能的文化创意型餐厅、会所、酒吧等。主题酒店不仅是住宿设施，也提升了旅游品质，在国内外已经有了很多案例。如北京的“长城脚下的公社”将长城文化内容以景观建筑的手法进行表现，给游客创造了十分特殊的住宿体验。例如，在2000年前后，北京远郊的山区里出现了一些极具风格的度假设施，后来地方政府旅游管理部门将其称之为乡村酒店，是北京乡村旅游升级的一种业态。它和台湾民宿存在一定的相似性——都有强烈的风格个性、浓郁的人文精神和鲜明的“主人风格”等。在北京北部怀柔区的莲花池、官地等村庄附近，沿着山谷里的溪流，分布着上百家的度假设施，其中几个典型代表——山吧、枫情山水、那里、泰莲庭等，均具有前述特征。

三、创意景观

创意景观大到创意地标或大地艺术，小到创意景观建筑、创意园林景观或创意景观小品。凡是景观设计莫不是一个创意的行为，创意景观主要是指创作者赋予了文化价值的创作类型。例如前述的长城脚下的公社，它既是一种创意设施，也是一种创意景观。创作者的文化体验理念是通过景观建筑的方式表达的，正如其他艺术家用绘画、音乐或其他方式表达精神世界一般。有些景观通过创意的工作，呈现出我们不常见到的样式，极具视觉冲击力，比如前述的山水实景演出即是文化、文艺旅游的视觉盛宴。

四、创意活动

创意活动包括创意节事以及在旅游营销等方面采用的其他创意活动。北京市旅游发展委员会从 2012 年新年开始举办的北京新年倒计时庆典活动，以北京文化地标为载体，通过现代视觉技术的打造，营造特殊的景观效果和节庆氛围，并通过全球媒体运作向世界投放旅游营销信息，效果十分显著。

五、创意社区（文化创意旅游社区）

创意社区是指以社区形态呈现的某种创意旅游体验空间，它一般包含了前述的创意产品、创意设施、创意景观和创意活动。创意设施包括在城市中的创意街区（如北京 798 艺术街区），也包括创意聚落（包括文化创意村、镇等）。

第二部分

基本类型与模式研究

第四章
旅游文化演艺产业的发展

一、产业发展概况

国外旅游演艺产业发展较为成熟，如百老汇和迪士尼已成为世界著名的旅游演艺品牌，相关学术研究起步较早，主要集中在剧场类商业文化演出和民族文化型旅游目的地表演等方面，主要表现在以下几个方面：

在节庆活动管理研究方面，认为节事是旅游产品的一种独特形式（Donald Getz，1989），如爱丁堡节庆各类演艺活动成功地改变了旅游者对苏格兰沉闷的印象（Richard Prentice，Vivien Andersen，2003），同时强调开发具有创意并与当地事件相结合的演艺产品，能更好地推广事件旅游（Robert L.Janiskee，2006）。在旅游产品真实性研究方面，早期研究认为旅游产品中的表演真实性，主要是为了表现历史和文化的准确性（Williams，1994）；Richard Handler 和 William Saxton（1998）则认为歌舞表演旅游产品的真实性由观众、表演人员评判；Yvonne Payne Daniel（2003）从跨文化视角对美国土著、加勒比海和非洲的舞蹈表演进行研究，认为在旅游特定环境下的舞蹈表演保留着“真实性”和创造性。在文化遗产研究方面，强调文化旅游应该包含多元化活动（Howard L.Hughes，2002），如传统的民族音乐、舞蹈演出可以增进当地人与旅游者间的交流（Peter Dunbar-Hall，2001），而且演艺也是传承诠释世界文化遗产的一种方式（Charassri，Naraphong，2004）。在旅游目的地研究方面，主要探讨旅游演艺与经济发展具有紧密的联系，旅游景点的演艺活动使目的地原住民参与到旅游生产中，并增强了他们对本地文化的认同感和自豪感，如 Charles C.Lim and Lawrence J.Bendle（2012）对首尔以旅游者为中心的艺术表演进行 Segmentation，targeting and positioning——STP 研究，提出地方文化的可持续性与战略目标市场细分之间的连接能够支持文化旅游中表演艺术产品的发展①。

旅游演艺是旅游新业态，起步发展较晚，在发展中已经呈现出自己的特征。目前旅游演艺大多呈现大制作，高投资；政府主导，市场运作；注重品牌化等特征②。从政府接待到商业运作，从无足轻重到成为重要的配套设施，已形成政府支持、市场运作，国有和民营多元合作的格局③。旅游演艺在中国旅游市场已成燎原之势，除了各个旅游目的地纷纷开发具有本地特色的旅游演艺节目外，各个城市大大小小的商业娱乐演出场所也纷纷与旅游牵手，形成了席卷大江南北的旅游演艺大潮，其中尤以大型实景演艺产品最为火爆。根据道略演艺发布的相关报告显示，2015 年，全国旅游演出观众 4713 万人次，同比增长 31.2%；旅游演出实际票房收入 35.7 亿元，同比增长 31.7%；对比全年接待国内外旅游人数增长 10%、旅游总收入增长 12% 来看，旅游演艺的魅力似乎足以证实。随着演出的空前成功，全国 30 多个省市政府纷纷邀请在旅游演艺发展领域最为成熟的“印象铁三角”前去打造类似节目。而印象系列也交出了漂亮的答卷：2006 年 7 月，第二台大型山水实景演出《印象·丽江》(雪山篇)，在海拔 3100 米的玉龙雪山下开始公演，2007 年开始盈利，2009 年演出 900 场，一天三场。2008 年，《印象·西湖》公演，2008 年利润 2700 万元，2009 年利润达到 4300 万元。从 2010 年 3 月推出《印象·大红袍》，到 2010 年 12 月推出《印象·普陀》，2011 年 10 月推出《印象·乾隆》，2013 年 8 月推出《印象·国乐》，再到 2016 年推出的《最忆是杭州》，每一台旅游文化演艺的成功打造，都促进了当地旅游经济的快速发展。2003

① Charles C. Lim and Lawrence J. Bendle. Arts tourism in Seoul：tourist-orientated performing arts as asustainable niche market [J]. Journal of Sustainable Tourism，2012，20（5）：667-682.

② 汪克会 . 国内旅游演艺产品开发现状探析 [J]. 商业经济，2010（3）：102-103.

③ 王鹏 . 中国旅游演艺新时代 [J]. 旅游时代，2009，(1)：29-33.

年首演的《印象·刘三姐》直到今天还被梅帅元认为是自己最满意的作品，也是市场公认的最好的山水实景演出剧，7000万元的成本两年内就已收回，“文化演出业对周边产业的带动是1:5”。此外，印象系列作品《印象·丽江》《印象·刘三姐》还荣获“2016中国旅游演出剧目票房十强”。中国三大电影导演张艺谋、陈凯歌、冯小刚，悉数投入到实景演出的大潮中，张艺谋的“印象”在全国做了一个又一个，陈凯歌也做了大理项目，冯小刚的实景演出处女作在湛江。另外，王潮歌的“又见系列”也从2013年开始快步推进，2013年2月王潮歌推出《又见平遥》，2014年9月推出《又见五台山》，2015年5月推出《又见敦煌》，2015年11月宋城推出的《上海千古情》都取得很好的成绩，成了旅游目的地的收入提高的重要途径。据悉，2016年，宋城演艺还将在武陵源区索溪峪镇百花洲打造《张家界千古情》来丰富其文化演艺供给产品体系。而除却宋城演艺和又见系列，包括梅帅元山水盛典团队签约的韶山《六祖坛经》、杨丽萍云南文化演绎的《黄山印象》、华夏集团推出的威海《华夏传奇》、西安《驼铃传奇》、张家界魅力湘西公司推出的《张家界·魅力湘西》等旅游演艺都竞相入场。台湾鸿海的郭台铭也在极力促成打造《印象·日月潭》。中国山水实景演出创始人梅帅元现在已不仅仅是在国内做实景演出，他的实景演出项目《越南越美》选址于越南下龙湾，这是中国第一个走出国门的实景演出项目。其在马来西亚、越南、新加坡这些地方都作了宏观的布局，下一步重点是将逐步移到国外①。

在我国23个省、4个直辖市、5个自治区以及2个特别行政区中，几乎每个省级单位都创作开发了旅游演艺产品，具体产品梳理如表2–1：

表2–1　全国各省市文化演艺项目产品

省市	文化演艺节目
河南	千回大宋、河洛风、印象·河洛传奇、大宋·东京梦华、君山追梦·梦幻大典、忠烈千秋杨家将、禅宗少林·音乐大典、只有河南
湖北	楚水巴山、梦幻九歌、草庐·诸葛亮、汉秀、神农架梆鼓敲起来、夷水丽川、梦·三峡、盛世峡江、龙船调

① 张瑞霞.旅游演艺产品策划及评估方法研究［J］.辽宁师范大学硕士学位论文.2011年.

续表

省市	文化演艺节目
湖南	印象张家界、西兰卡普、张家界·魅力湘西、烟雨凤凰、烟雨张家界、六祖坛经、烟雨洪江·沅江号子、天门狐仙·新刘海砍樵、武陵魂·梯玛神歌、张家界·魅力湘西、最忆韶山冲、中国出了个毛泽东
广东	天禅、时空魅影、天地浪漫、长隆国际大马戏森林密码、创世纪、千古风流、东方霓裳、龙凤舞中华、魔幻传奇II、秘境奇技
海南	海棠·秀、美丽之冠拉斯维加斯大型歌舞秀、三亚千古情、印象·海南岛、亚丁·三怙主
四川	藏迷、蜀风雅韵、天府蜀韵、峨眉·韵、天地吉祥、九寨千古情、灵秀峨眉、天下峨眉、道解都江堰、藏王宴舞
贵州	多彩贵州风、玉水不夜天
云南	丽水金沙、蝴蝶之梦、丽江千古情、东巴公、云南映象、印象·丽江、吉鑫宴舞、丽江恋歌
陕西	仿唐乐舞、霓裳羽衣舞、长安夜宴、华山魂、梦回大唐、盟誓华清宫、延安保卫战、 长恨歌、仿唐乐舞、驼铃传奇
甘肃	大梦敦煌、丝路花雨、又见敦煌
青海	天域天堂、秘境青海、青溜溜的青海
河北	人间正道、吴桥杂技大世界、鼎盛王朝·康熙大典、四海普宁
山西	升堂系列剧、又见平遥、又见五台山
吉林	东北二人转、长白神韵、天地长白
辽宁	刘老根大舞台
黑龙江	东北二人转、冰上杂技——幻境极光
江苏	扬州杖头木偶表演、风韵金陵、灵山吉祥颂、夜泊秦淮、春江花月夜、牡丹亭、四季周庄
浙江	吴越千古情、西湖之夜、宋城千古情、印象·西湖、印象·普陀、最忆是杭州
安徽	徽韵、花山谜窟激光秀——徽州千古谜、宏村阿菊、黄山印象
福建	印象大红袍、水火传奇、闽南传奇、三坊堵

续表

省市	文化演艺节目
江西	井冈山、梦里老家
山东	杏坛圣梦、泰山千古情（筹备）、梦归琴岛、孔子、中华泰山封禅大典、神游华夏、华夏传奇
北京	北京刘老根大舞台、老舍茶馆、德云社北京相声大会——天桥德云社剧场、北京京剧、金面王朝、圣水观音、熊猫、StarDream·未来之星的梦、飞翔、功夫传奇、孟京辉经典戏剧作品、开心麻花爆笑舞台剧、四季北京·茶、国家话剧院《战马》
天津	相声、戏曲
上海	时空之旅、迪士尼音乐剧狮子王
重庆	金子、李亚仙、河街茶馆、巫山神女、巴渝情缘、归来三峡、武隆印象、梦幻桃园、川军血战到底·烽烟三国
广西	梦幻漓江、印象·刘三姐、坐夜三江、梦·巴马、坐妹
内蒙古	蒙古传说、白云飘落的故乡、敖包相会、一代天骄、圣地古韵、蒙古婚礼
新疆	东归印象、你好阿凡提、喀纳斯盛典、印象二道桥、喀什噶尔、天山牧歌、千回西城、汉秀
宁夏	月上贺兰
西藏	幸福在路上、文成公主、唐古拉风、喜马拉雅、藏迷
澳门	澳门新濠天地TABOO（色惑）、西游记、全球最大型之水上会演——澳门新濠天地水舞间、百老汇奇幻秀、新濠影汇之魔幻间、澳门之夜

通过对上述旅游演艺产品的梳理和分析，可以看出，我国旅游演艺产品的重要地区主要有北京、四川、湖南、湖北、广东、陕西、云南、河南、重庆、江苏、新疆等省，其中，深圳、张家界、桂林、西安等城市的旅游演艺产品占据重要地位。

二、基本类型

结合文献和相关资料分析，将我国的旅游演艺产品分为剧场依托型、景区复合型、山水实景型和宴会舞蹈型，具体的演艺产品分类如表 2-2：

表 2-2　全国各省市文化演艺项目产品类型

省市	剧场依托型	景区复合型	山水实景型	宴会舞蹈型
河南	千回大宋 河洛风 印象·河洛传奇 只有河南	大宋·东京梦华 君山追梦·梦幻大典 忠烈千秋杨家将	禅宗少林·音乐大典	
湖北	楚水巴山 梦幻九歌 草庐·诸葛亮 汉秀	神农架梆鼓敲起来	夷水丽川 梦·三峡 盛世峡江 龙船调	
湖南	六祖坛经 印象张家界 西兰卡普	张家界·魅力湘西 烟雨凤凰 烟雨张家界 烟雨洪江·沅江号子	天门狐仙·新刘海砍樵 武陵魂·梯玛神歌 中国出了个毛泽东 最忆韶山冲	
广东	天禅 时空魅影 天地浪漫 禅宗圣域·六祖惠能	长隆国际大马戏森林密码、创世纪、千古风流、东方霓裳、龙凤舞中华、魔幻Ⅱ、秘境奇技		
海南	海棠·秀 美丽之冠拉斯维加斯大型歌舞秀 三亚千古情		印象·海南岛	
四川	藏迷 蜀风雅韵 天府蜀韵 峨眉·韵 天地吉祥 九寨千古情 天地松州	灵秀峨眉	天下峨眉 道解都江堰	藏王宴舞 亚丁·三怙主
贵州	多彩贵州风		玉水不夜天	

续表

省市	剧场依托型	景区复合型	山水实景型	宴会舞蹈型
云南	丽水金沙 蝴蝶之梦 丽江千古情 东巴公	云南映象 丽江恋歌	印象·丽江	吉鑫宴舞
陕西	长安夜宴 华山魂	梦回大唐 盟誓华清宫 延安保卫战	长恨歌 驼铃传奇	霓裳羽衣舞 仿唐乐舞
甘肃	大梦敦煌 丝路花雨		又见敦煌	
青海	天域天堂 秘境青海 青溜溜的青海			
河北	人间正道	吴桥杂技大世界 四海普宁	鼎盛王朝·康熙大典	
山西		升堂系列剧 又见平遥 又见五台山		
吉林	东北二人转 长白神韵 天地长白			
辽宁	刘老根大舞台			
黑龙江	东北二人转 冰上杂技——幻境极光			
江苏	扬州杖头木偶表演 风韵金陵	灵山吉祥颂 cavalla.舞马	夜泊秦淮 春江花月夜 牡丹亭 四季周庄	
浙江	吴越千古情 西湖之夜	宋城千古情	印象·西湖、 最忆是杭州 印象普陀	

续表

省市	剧场依托型	景区复合型	山水实景型	宴会舞蹈型
安徽	徽韵	花山谜窟激光秀——徽州千古谜	宏村阿菊 黄山印象	
福建	闽南传奇 三坊七巷		印象大红袍 水火传奇	
江西			井冈山 梦里老家（筹备中）	
山东	杏坛圣梦 泰山千古情（筹备） 梦归琴岛 华夏传奇	孔子	中华泰山封禅大典 神游华夏	
北京	北京刘老根大舞台 老舍茶馆 德云社北京相声大会——天桥德云社剧场 北京京剧 四季北京·茶 孟京辉经典戏剧作品 开心麻花爆笑舞台剧、国家话剧院《战马》	金面王朝 圣水观音		熊猫 StarDream·未来之星的梦 飞翔 功夫传奇
天津	相声 戏曲			
上海	时空之旅	迪士尼狮子王		
重庆	金子 李亚仙 河街茶馆 归来三峡		武隆印象 梦幻桃园 川军血战到底 烽烟三国	巫山神女 巴渝情缘
广西		梦幻漓江	印象·刘三姐 坐夜三江 梦·巴马 坐妹	

续表

省市	剧场依托型	景区复合型	山水实景型	宴会舞蹈型
内蒙古	蒙古传说 白云飘落的故乡 敖包相会	一代天骄 圣地古韵		蒙古婚礼
新疆	东归印象 你好阿凡提 千回西域 汉秀	喀纳斯盛典 印象二道桥		喀什葛尔 天山牧歌
宁夏	月上贺兰			
西藏	幸福在路上 文成公主	唐古拉风 喜马拉雅		
澳门	澳门新濠天地TABOO（色惑） 百老汇奇幻秀 新濠影汇之魔幻间 澳门之夜 西游记			全球最大型之水上会演——澳门新濠天地水舞间

对我国旅游演艺项目按省份进行分类统计，表2–3如下：

表2–3　全国各省市旅游演艺项目类型数量统计表

省市	剧场依托型	景区复合型	山水实景型	宴会舞蹈型	总计
河南	4	3	1	0	8
湖北	4	1	4	0	9
湖南	3	4	4	0	11
广东	4	7	0	0	11
海南	3	0	1	0	4
四川	7	1	2	2	12
贵州	1	0	1	0	2
云南	4	2	1	1	8

续表

省市	剧场依托型	景区复合型	山水实景型	宴会舞蹈型	总计
陕西	2	3	2	2	9
甘肃	2	0	1	0	3
青海	3	0	0	0	3
河北	1	2	1	0	4
山西	0	3	0	0	3
吉林	3	0	0	0	3
辽宁	1	0	0	0	1
黑龙江	2	0	0	0	2
江苏	2	2	4	0	8
浙江	2	1	3	0	6
安徽	2	1	1	0	4
福建	2	0	2	0	4
江西	0	0	2	0	2
山东	4	1	2	0	7
北京	8	2	0	5	15
天津	1	0	0	0	1
上海	2	0	0	0	2
重庆	4	0	4	2	10
广西	0	1	4	0	5
内蒙古	3	2	0	1	6
新疆	4	2	0	2	8
宁夏	1	0	0	0	1
西藏	3	2	0	0	5

续表

省市	剧场依托型	景区复合型	山水实景型	宴会舞蹈型	总计
澳门	5	0	0	1	6
合计	88	40	40	16	184

将上述旅游演艺产品进行统计梳理，在统计的184个旅游演艺产品中，剧场依托型有88个，占47.83%；景区复合型有40个，占21.74%；山水实景型有40个，占21.51%；宴会舞蹈型有16个，占8.69%。类型图2–1如下所示：

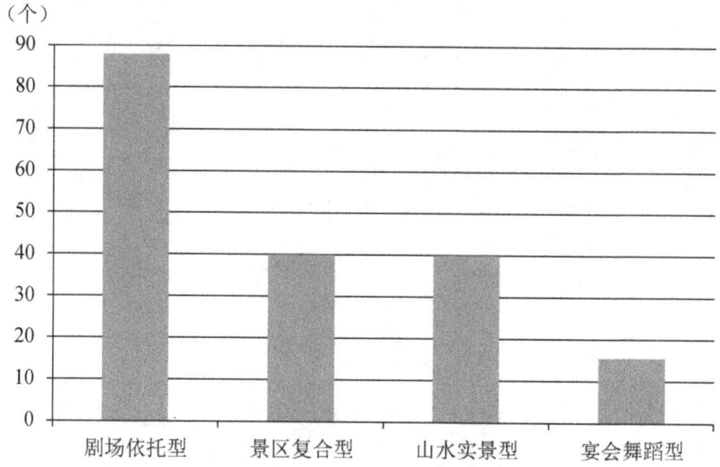

图2–1 旅游演艺类型图

我国旅游演艺产品中，目前主要集中于剧场依托型演艺产品的开发，超过总产品的一半，这主要因为剧场型演艺节目可不受天气等自然环境变化的影响，出演频率可得到保障，进而使演艺产品的利润有所保证，故开发商更青睐于剧场依托型旅游演艺产品。景区复合型和山水实景型演艺节目的占比相当，这两类演艺产品都对自然依赖性较大，但其能更好地与当地文化及自然景观融为一体，对游客的吸引力较大，故也存在很大的市场空间。宴会舞蹈型演艺节目与市场上很多不限于旅游业中的产品类似，独特性并不明显，对游客的吸引力也较小，故此类旅游演艺产品较少。

三、投资与经营状况

对我国的旅游演艺产品的资金投入进行梳理和汇总，具体情况见表 2–4：

表 2–4　旅游演艺项目资金投入汇总表

项目名称	演出地点	类型	公演时间	资金投入
禅宗少林·音乐大典	河南登封 待仙沟景区	山地实景演出	2006.10.06	3.5亿元
大宋·东京梦华	河南开封 清明上河园	大型水上实景演出	2008.04.05	1.35亿元
千回大宋	河南开封 东京艺术中心	大型室内歌舞	2013.10.18	8000万元
君山追梦·梦幻大典	河南栾川 老君山景区	大型实景演出	2009.05.02	1.4亿元
夷水丽川	湖北恩施	洞穴原生态情景剧	2005	8800万元
盛世峡江	湖北宜昌 三峡大坝旅游区	大型生态情景演出	2009	3300万元
梦幻九歌	湖北武汉 杂技厅	大型杂技旅游剧	2008	800万元
天门狐仙·新刘海砍樵	湖南张家界 天门山峡谷剧场	山水实景音乐歌舞剧	2009.09.17	1.2亿元
张家界·魅力湘西	湖南张家界 魅力湘西大剧院	大型民族文化节目	2001.03	1.6亿元
中国出了个毛泽东	湖南韶山	山水实景演出	2014.04	5亿元
长隆国际大马戏森林密码	广东广州 长隆旅游度假区	森林实景演出	2013.12.01	3亿元
创世纪	广东深圳 世纪之窗	广场全景式大型史诗音乐舞蹈	1998.07.18	1500万元
千古风流	广东深圳 世纪之窗	大型音乐舞蹈史诗	2005.01	857.7万元
龙凤舞中华	广东深圳 中华民俗村	大型歌舞节目	2003	1亿元

续表

项目名称	演出地点	类型	公演时间	资金投入
天禅	广东深圳 东部华侨城	多媒体交响音画	2007	1.7亿元
时空魅影	广东广州 魔立方国际商旅剧场	大型蒙太奇	2005.12	2000万元
海棠·秀	海南三亚 万达文化中心	大型原创奇幻音乐舞台剧	2011.09.16	6000万元
印象·海南岛	海南海口市 印象剧场	面朝大海半开放式大型实景演出	2008.04.12	1.8亿元
藏迷	四川九寨沟县漳扎镇藏迷大剧院演艺中心	首部大型藏族原生态歌舞乐	2007.08.16	1500万元
道解都江堰	四川成都 都江堰	遗址实景演出	2010.06.03	2000多万元
天府蜀韵	四川成都	原创音舞诗画		2.5亿元
天下峨眉	四川乐山 峨眉山	3D山水实景剧	2007.04.17	8000万元
玉水不夜天	贵州平塘	山水实景音乐剧	2006.02.28	364万元
吉鑫宴舞	云南昆明 世博吉鑫园	歌舞宴	2007.01.18	2000万元
云南映象	云南昆明	大型原生态歌舞集	2003.08.08	700万元
印象·丽江	云南丽江 甘海子蓝月谷剧场	大型实景山水演出剧	2006.07.23	2.5亿元
丽水金沙	云南丽江国际民族文化交流中心剧场	旅游歌舞晚会	2002.05	1100万元
蝴蝶之梦	云南大理 艺术剧院	大型梦幻风情歌舞	2005	2400万元
盟誓华清宫	陕西西安 临潼华清池景区	大型实景歌舞剧	2006.05.01	5000万元

续表

项目名称	演出地点	类型	公演时间	资金投入
大梦敦煌	甘肃 兰州大剧院 全国巡演	大型实景舞剧	2000	700万元
鼎盛王朝·康熙大典	河北承德市元宝山	大型实景演出	2011.06.18	2亿元
金面王朝	北京欢乐谷	主题公园	2007.8.16	2亿元
功夫传奇	北京	巡演类	2004.12.3	1000万元
圣水观音	北京	大型综艺晚会		8000万元
飞翔	北京	剧场剧艺杂技	2008.4	1100万元
印象·刘三姐	广西	大型山水实景演出	2004.3	7000万元
时空之旅	上海	剧场类	2005.9	1000万元
幸福在路上	西藏	大型原生态歌舞剧	2008	2500万元
文成公主	西藏拉萨	藏戏	2013.7	4亿元
巫山神女	重庆	歌剧	2012.12	2000万元
巴渝情缘	重庆	歌舞	2006.6	6000万元
喀纳斯盛典	阿勒泰布尔津	大型舞台艺术剧	2013.7	1500万元
东归印象	新疆和静县	历史实景剧	2014.7	2000万元
你好阿凡提	喀什	实景剧	2009.1	500万元
印象二道桥	乌鲁木齐	大型歌舞剧	2013.6	2000万元
天山牧歌	新疆伊犁	现代马舞剧	2015.5	1100万元
北京刘老根大舞台	北京	剧场类	2009.5	3000万元
坐夜三江	广西	大型实景演出	2011.1	7300万元
梦·巴马	广西	实景演出	2012.9	9300万元
喜马拉雅	西藏	大型歌舞音画史诗	2007	1600万元

续表

项目名称	演出地点	类型	公演时间	资金投入
人间正道	河北西柏坡平山革命历史陈列馆广场	大型实景演出	2011.6.28	2200万元
升堂系列剧	平遥古城	室内情景剧	1999	不详
又见平遥	山西平遥古城沙瓦剧场	大型情境体验剧	2013.2.18	1.5亿元
春江花月夜	扬州瘦西湖景区	全国首部大型园林实景演出	2013.9	1.8亿元
四季周庄	江苏省苏州市昆山市周庄古镇	水乡实景演出	2007	5000万元
最忆韶山冲	湖南韶山	大型情景演出	2018.12.26	50亿元（预计）
印象·西湖	浙江杭州西湖岳湖景区	大型山水实景演出	2007.3.30.	4000万元
宋城千古情	浙江杭州宋城景区	大型室内立体全景演出	1996.1	6000万元
吴越千古情	浙江杭州乐园大剧院	大型室内实景演出	2012.2.14	2.5亿元
印象大红袍	福建武夷山崇阳溪东环景剧场	大型山水实景演出	2010.3.29	2亿元
徽韵	安徽黄山香茗大剧院	大型全景式歌舞演出	2009.9.15	1亿元
宏村阿菊	黟县奇墅湖国际度假村	大型实景文化演出	2012.7.31	2.3亿元
花山谜窟激光秀——徽州千古之谜	黄山屯光镇浯村鼎上鼎大剧院	现代大型综合秀	2012.7.16	1.2亿元
井冈山	江西井冈山拿山红军剧场	大型实景演出 红色经典大型实景演出	2008.1	1.7亿元
梦里老家	江西婺源	大型实景山水演出	2015.3	2.3亿元

续表

项目名称	演出地点	类型	公演时间	资金投入
杏坛圣梦	杏坛剧场	大型广场乐舞 大型歌舞史诗	2001.9.26	3000万元
泰山千古情	山东泰安市泰山千古情大剧院	立体式大型歌舞	2015.7.29	15亿元
中华泰山封禅大典	山东泰安泰山封禅天地剧场	大型实景演出	2010.5.1	3亿元
梦归琴岛	山东青岛海泉湾天创大剧院	大型魔术舞剧	2012.9.8	2.9亿元
华夏传奇	山东威海华夏城景区	大型文化旅游实景演艺	2016.4.30	不详
神游华夏	山东省威海市威海经济技术开发区	大型山水实景演出	2010.5	5亿元
又见敦煌	甘肃敦煌	大型实景演艺项目	2016.9	4.3亿元
闽南传奇	福建厦门老院子景区	超大型室内实景演艺秀	2015.7	28亿元

投资在1000万元到1亿元（不包含1亿）的演艺项目大约有33个，主要包括《功夫传奇》《时空之旅》《丽水金沙》《飞翔》《天山牧歌》《创世纪》《藏迷》《喀纳斯盛典》《喜马拉雅》《时空魅影》《道解都江堰》《吉鑫宴舞》《巫山神女》《东归印象》《印象二道桥》《人间正道》《蝴蝶之梦》《幸福在路上》《北京刘老根大舞台》《杏坛圣梦》《盛世峡江》《印象·西湖》《盟誓华清宫》《四季周庄》《海棠·秀》《巴渝情缘》《宋城千古情》《坐夜三江》《千回大宋》《天下峨眉》《圣水观音》《夷水丽川》《梦·巴马》《又见敦煌》《闽南传奇》《最忆韶山冲》等。

投资高于1亿元（包括1亿元）的演艺项目大约有29个，主要包括《龙凤舞中华》《徽韵》《天门狐仙·新刘海砍樵》《徽州千古谜》《君山追梦·梦幻大典》《又见平遥》《张家界·魅力湘西》《天禅》《井冈山》《印象·海南岛》《春江花月夜》《印象·刘三姐》《鼎盛王朝·康熙大典》《金面王朝》《印象大红袍》《宏村阿菊》《梦里老家》《天府蜀韵》《印象·丽江》《吴越千古情》《梦归琴岛》《长隆国际大马戏森林密码》《中华泰山封禅大典》《禅宗少林·音乐大典》《文成公主》《中国出了个毛泽东》《神游华夏》《大宋·东京梦华》《泰山千古情》等。

我国旅游演艺产品的投入非常大，投资额普遍较高，总投资大多在1000万元以上，超过1亿元的演艺项目也十分普遍。一方面，文化创意产业是资金密集型产业，需要大量的投资作为保障。演艺产品的开发本身需要强大的资金投入，这和创意者本身的市场价值存在明显关系。另一方面，创意中新技术的引进和使用也需要大量资金支持，见表2–5。

表2–5 旅游演艺项目经营现状概况表

项目名称	演出地点	类型	经营现状（接待游客数量、收入等）
禅宗少林·音乐大典	河南 登封 待仙沟景区	山地实景演出	自2007年正式公演以来，截止2017年初，已累计演出2600多场，接待中外游客380余万人次，实现收入上亿元。
大宋·东京梦华	河南 开封 清明上河园	大型水上实景演出	政府将手持的49%股权转让给海南置地集团，成为民营性质演出，股权调整后，演出经营状况稍有改善，收支基本平衡。 2008年上演200余场，接待游客14万人次，演出收入1000万元； 截至2015年，已成功演出2000多场，观众人数200余万人次，门票收入上亿元。2016年度共有242场演出，接待游客的数量和收入均创新高。
夷水丽川	湖北 恩施	洞穴原生态情景剧	2005—2008年，公开演出了1000多场，接待游客近30万人次。 2009年，历经3次改版，上演1000余场次，观众达20余万人次。 2010年，游客人数上升至21.8万人次，旅游收入达到2892万元。 2005—2012年，连续上演3000余场次，带给150万余万名游客艺术震撼，直接门票经济收入近亿元。 2005—2014年，《夷水丽川》历经5次改版升级，已连续上演近6000场。 截至2017年，已成功演出7000多场，接待中外游客1000多万人次，实现门票收入上亿元。

续表

项目名称	演出地点	类型	经营现状（接待游客数量、收入等）
盛世峡江	湖北 宜昌 三峡大坝旅游区	大型生态情景演出	鼎盛时期演员阵容达600多人，创当年国内同类演出规模之最。然而，由于坝区离城区较远，特别是游客不能留宿等因素影响，演出长期处于高成本、低收益状态。后经调整，演出阵容缩减至70人，仍未止亏，不到一年全面停演。
楚水巴山	湖北 宜昌	大型民族风情音画	《楚水巴山》边演出边修改，于2006年10月赴广州参加了文化部举办的2006年全国歌舞、杂技主题晚会优秀剧目展演，一举获得全国歌舞杂技优秀剧目展演一等奖，并在获一等奖的四个单位中位列第一。2009年全年实现商业演出32场，片段播出18场，演出收入近80万元；2006—2010年演出180余场；2015—2016年连续两年实现改版。
梦幻九歌	湖北 武汉 杂技厅	大型杂技旅游剧	《梦幻九歌》每周上演一场，武汉市政府以每场购买200张票的方式对其进行补贴，余下的1200个座位票房售出。平均上座率近60%，在票房构成上，70%的观众是本地居民，30%的观众为游客。
天门狐仙·新刘海砍樵	湖南 张家界 天门山峡谷剧场	山水实景音乐歌舞剧	截至2016年初，天门狐仙公演六年有余，对外公演1654场，接待50多个国家，超200多万人次的游客，实现产值逾3亿元。来张家界的游客中，有30%是冲着《天门狐仙·新刘海砍樵》这台演艺节目而来。 2017年狐仙团队继续投入巨资对演出内容和形式进行了全面的提质升级，以招徕更多的游客。 每年的11月至次年2月为淡季，是《天门狐仙·新刘海砍樵》歇业期。普通观众席上座率明显偏低，贵宾席196个座位因票价、消费水平等因素售票很少，销售很不理想，2011年仅作免费接待使用，没有体现其价值，影响全年收入的增长。

续表

项目名称	演出地点	类型	经营现状（接待游客数量、收入等）
张家界·魅力湘西	湖南 张家界 魅力湘西大剧院	大型民族文化节目	2001—2005年，魅力湘西大剧院共计接待游客40万人次；2006年出现井喷式增长，接待游客达到25万人次；2007年，游客人数超过40万人次。 2011年张家界魅力湘西演艺中心收购武陵源三大演艺场所《梯玛神歌》《魅力张家界》《印象张家界》，现在成立《张家界·魅力神歌》演艺集团，每天推出节目《梯玛神歌》《魅力湘西》两个演艺场所，每个场所每晚开设节目，每天可接待游客万人以上。 张家界·魅力湘西中的节目《追爱相思楼》作为唯一一个少数民族歌舞节目，登上了2012年央视龙年春晚的舞台。 自2000年创办以来，截至2016年末，16年已累计演出6600余场，接待海内外观众逾1300万人次。 2017年1月至5月，《魅力湘西》演出209场，接待中外游客39.7万人次，比去年同期增长9.8%。7月，冯小刚担纲导演的新版《魅力湘西》登台献演，此次改版创新引起了大众广泛的关注，上座率和去年同期相比，增长了10%左右，7、8两月共接待中外游客近30万人次，日均接待量达5000人，最大接待量超过8000人。
中国出了个毛泽东	湖南 韶山	山水实景演出	自2014年4月开演，演出218场，观众达到20多万人次，门票收入近2000万元。 2015年度共上演221场，共接待游客人数达到25多万人次，同比2014增长45%；总收入达到3000万元，相比较2014增长50%；总上座率也达到了55.67%。截至2016年10月21日的第600场演出，韶山红色大戏已接待游客超百万人次，实现票房收益6000万元。公演近3年以来，观众上座率和票房收入一直以每年30%的速度递增。
创世纪	广东 深圳 世纪之窗	广场全景式大型史诗音乐舞蹈	1998年7月18日首次公演，截止到2010年，已表演2039场，观众达600余万人次。世纪之窗相继推出大型音乐舞蹈史诗系列之《创世纪》《跨世纪》《千古风流》《天地浪漫》，连续演出12年，4100多场，观众人数超过1200万人次，成为世纪之窗最具市场竞争力的核心产品。其中《跨世纪》在全球最大旅游权威机构IAAPA（国际主题公园景观协会）表演大赛中，成为中国第一个荣获最高国际大奖、最佳整体制作奖的作品。

续表

项目名称	演出地点	类型	经营现状（接待游客数量、收入等）
东方霓裳	广东 深圳 锦绣中华	大型民族服饰舞蹈诗	经2011年全新改版后，《新东方霓裳》融合各民族华美服饰，配合声、光、LED影像等高科技舞美效果。同年上演8000多场，各景区累计推出大型演出43台，上演近50 000场，接待观众近7000万人次。
天禅	广东 深圳 东部华侨城	多媒体交响音画	从2007年下半年至2010年，《天禅》演出达到1000多场次，场地座席有1300位，平均年门票收入在千万元以上。东部华侨城演艺项目《天禅》华丽改版，新版《天禅》再续经典禅茶文化，耗资一亿，2014年1月31日起，东部华侨城大剧院正式公演。
海棠·秀	海南 三亚 万达文化中心	大型原创奇幻音乐舞台剧	接待国内外游客20余万人次，开演至今，该文化演艺产品曾多次进行升级改版，前后推出了1.0版、2.0版、3.0版、4.0版。《海棠·秀》自筹建并运营三年来，共演出了700多场，观看人数不到30万人次，即平均每场不到400名观众。前后至少更换了四任总经理，经营管理层更是大幅流动。在面对未成熟的度假区、相对不便的交通区域、音乐剧接受程度的局限性等因素，经过万达演艺总部及三亚经营团队的多方努力，仍是持续巨额亏损。由万达集团投重金打造的首个旅游演艺产品，三亚《海棠·秀》，在2014年7月31日结束了最后一场演出后，正式关停。
印象·海南岛	海南 海口市 印象剧场	面朝大海半开放式大型实景演出	2009年5月后，每天接待200人左右。每天票房收入大约5万元，印象剧场每天的开支巨大，仅300名演职人员的工资就需要3万~5万元。为扭转颓势，《印象·海南岛》降价，推出“凭海南省身份证购买，门票每张68元”的特惠活动，但即便如此，从上演至今，平均每天观众500人左右，平均入座率不足三成，收入约8万元。如此惨淡经营，迫使投资方海南印象文化旅游发展有限公司已经于2010年11月将旗下的55%的股权低价转让给一家民营企业。
吉鑫宴舞	云南 昆明 世博吉鑫园	歌舞宴	2007—2014年间，累计观众人数达250万人次，收入超3亿元。

续表

项目名称	演出地点	类型	经营现状（接待游客数量、收入等）
云南映象	云南 昆明	大型原生态歌舞集	2003年8月开始公演，截至2016年，《云南印象》在海内外50余个城市商演近6000场，观众达300万余人次，总收入上亿元，创下了中国舞坛演出阵容最大、巡演时间最长、演出城市最多、演出场次最多、上座率最高、票房收入最好等“6个第一”。 2008年后开始拓展海外市场，先后在日本、马来西亚、美国等国家进行巡回演出，每个国家演出收入超千万元。
印象·丽江	云南 丽江 甘海子蓝月谷剧场	大型实景山水演出剧	2008年，共吸引游客60万人次，票房收入6700万元，盈利3000多万元。 2009年，门票销售138万张，印象·丽江旅游实现收入1.57亿元，净利润7584.7万元。 2012年，印象·丽江共演出929场，接待游客208.44万人次，营业收入23亿元。 2013年，印象·丽江全年演出899场，观众208万人次，演出收入2.34亿元；2014年共演出987场，观众约235万人次，演出收入近2.5亿元。印象·丽江演出2011—2014年的净利润分别为9756.31万元、9953.3万元、9999.96万元、1.03亿元，呈持续上涨态势。 2015年—2017年，营业收入开始下滑。2015年，印象·丽江共计演出896场，共接待游客202万人次，同比下降14.36%；营业收入21 940.22万元，同比下降14.01%；实现净利润8899.02万元，同比下降13.46%；2016年上半年，印象·丽江共计演出371场，同比减少71场，业绩下降的原因是由于演艺市场竞争加剧，加之旅行社之间业务竞争激烈，部分旅行社通过减少游览项目、增加时间购物等降低成本；2017年由于云南省旅游局大力实施云南旅游市场秩序整治举措，印象·丽江演出营收同比下降高达24.48%、净利润同比下降高达28.39%。

续表

项目名称	演出地点	类型	经营现状（接待游客数量、收入等）
丽水金沙	云南丽江国际民族文化交流中心剧场	旅游歌舞晚会	2011年，《丽水金沙》演出980场，营业收入8022万元，实现利税510万元。 自2002年5月1日向社会公演以来，到2011年底，累计演出6000多场，营业收入2亿多元，实现利税5000多万元。 2016年，丽江丽水金沙演艺公司更换股东，整个文化演艺公司纳入丽江东巴谷生态文化旅游股份有限公司，完成股权变更后，《丽水金沙》的演出和公司日常经营管理班子由新东家全盘接收。
蝴蝶之梦	云南 大理 艺术剧院	大型梦幻风情歌舞	2006年上演377场，接待游客17万人次，门票收入1100万元。 截至2011年，共演出2100余场，接待海内外观众近百万人次，营业收入7050万元，利税近300万元。 2012年至今，蝴蝶之梦的经营状况并不理想，大部分收入来自旅行社。主要原因是由于演艺市场竞争加剧，加之旅行社之间业务竞争激烈。
仿唐乐舞	陕西 西安 国际歌舞剧院餐厅	仿古乐舞	历经27年长演不衰，先后多次出访世界40多个国家。目前，陕歌大剧院将《仿唐乐舞》与餐饮“饺子宴”相结合，常演常新，经营状况良好，虽然现在是旅游淡季，但是基本上每晚还都有演出，上座率也比较高。《仿唐乐舞》先后五次更新换代，年年改版，作为一个响亮的品牌推向了国内外，最多的一年演出1400场，先后演出28000场左右，创造了演出市场的奇迹。
梦回大唐	陕西 西安 大唐芙园	综合性大型乐舞表演	2005—2014年，《梦回大唐》已在国内外演出3000余场，受到海内外观众的热情追捧。2011年，《梦回大唐》荣获中国十大最具文化创意旅游演出奖。 截止2016年，《梦回大唐》每场演出都有至少70%上座率，吸引了超过250万观众观看了演出。
长恨歌	陕西 西安 临潼华清池景区	大型山水历史舞剧	自2007年至2014年7月，已成功演出1300余场，接待游客超过150万人次，综合收入达到2.5亿元，带动就业2000多人，带动地方酒店、餐饮、交通、商品等相关产业的活跃和发展。截止2016年末，《长恨歌》累计演出2290场，累计接待观众450多万人次，已经成为陕西文化旅游的一块金字招牌，并入选《中国文化产业（演艺类）名录》。

续表

项目名称	演出地点	类型	经营现状（接待游客数量、收入等）
大梦敦煌	甘肃 兰州 大剧院 全国巡演	大型 实景 舞剧	截至2017年，舞剧《大梦敦煌》演出已经整整16年。从兰州大剧院获悉，自2000年首演至今，《大梦敦煌》已在全国40多个城市和6个国家精彩上演，累计演出960场，票房收入超过一亿元，成为中国舞剧“多演出、多产出”的成功范例。 文化部、财政部《关于50台精品剧目演出经营情况的调查报告》显示，在演出场次最多、演出收入最多、盈利最多、投入产出最好四项前五名剧目中，《大梦敦煌》有三项指标排名第二，在舞剧类14台剧目中投入产出比排名第一，被商务部、文化部列入《国家文化出口重点项目目录》
丝路花雨	甘肃 敦煌艺术剧院 全国巡演	大型 民族 舞剧	自1979年首演至2016年末，出访40多个国家和地区，共演出2800余场，观众达400多万人次。2004年10月，《丝路花雨》被上海大世界吉尼斯总部认定为“中国舞剧之最”。 2011年10月18日，甘肃省歌舞剧院创作演出的舞剧《丝路花雨》在第十三届中国上海国际艺术节演出交易会上成功签约，拿到了近50场的演出订单。
天域天堂	青海 西宁	大型 印花 舞蹈 史诗	截至2014年，《天域天堂》作为西宁市标志性的文化节目，共演出320场。2010年10月，还入选《国家文化旅游重点项目名录》第一批35个演出项目名单。2013年《天域天堂》首次在全国21个城市进行巡回演出，巡回演出所到之处多为一线城市。
金面王朝	北京欢乐谷	主题 公园	自2007年开演以来，《金面王朝》累计接待海内外观众超过65万人次，其中仅2010年接待观众超30万人次，上座率高达85%，如此火爆的场面，被业界誉为“中国的百老汇”。 2014年末，该剧进行了一段时间的停演改版升级，于2015年3月重播；改版后采用先进的舞台设施，展现了鲜活唯美的舞台；2017年初，《金面王朝》第4000场演出圆满落下帷幕，至今累计接待海内外游客超过400万人次。 《金面王朝》先后摘得“第七届中国舞蹈荷花奖评委会特别奖”、“实景类第一名”、IAAPA美国年展中成功斩获“最佳现场演出奖”、北京奥运文化重点剧目、首批16家北京重点旅游演出剧目奖等多项国内外大奖。

续表

项目名称	演出地点	类型	经营现状（接待游客数量、收入等）
功夫传奇	北京	巡演类	据北京市有关方面统计，2005年，北京共接待入境旅游者362.9万人次，全年旅游外汇收入达到36.2亿美元，其中主要旅游区（点）全年收入达到27亿元。2004年12月3日，在北京东城区红剧场首演，目前已经在京连续演出一年半，观众达16万人次，平均上座率达到80%。2005年8月，《功夫传奇》入选中国文化部《2005年度国家商业演出展览文化产品出口指导目录》。 2005年8月19日到2006年1月11日，《功夫传奇》在北美巡回演出，共演出150场，观众达11万人次，取得了300万美元的票房收入。 截至2017年，实际演出场次已达到国内驻场演出3887场，国内外演出总场次已达5100场，北京红剧场的固定演出每年吸引30万左右人次的来京游客，该演出是目前中国剧目出口商演次数最多的、且具有中国自主知识产权的国家品牌剧目之一。
北京京剧	北京梨园剧场	剧场类	梨园剧场从1990年开演至今，游客已达500万人次，演出逾3400场，年收入700万元，旅游演出收入，也成为在此驻演的北京京剧团一大经济支柱。
飞翔	北京	剧场剧艺杂技	2010年，《飞翔》已在北京朝阳剧场驻场演出近1600场，接待中外观众200余万人
印象·刘三姐	广西	大型山水实景演出	据统计，从2004—2013年，《印象·刘三姐》共安全演出近4500场，累计接待观众超过1000万人次，其中接待境外观众（含港澳台地区）约200万人次，缴纳各项税费近2亿元。其中仅2013年，《印象·刘三姐》共安全演出518场，接待国内外观众135万人次，接待境外观众（含港澳台地区）近17万人次。仅以旅游业为例，项目公演以来，阳朔县旅游人数从2003年的281.8万人次增加到2013年的1170万人次，其中留宿人数从23.3万人次增加到430万人次，床位数从6100张增加到42 000张，旅游收入从2.44亿元增加到了60.5亿元，对当地经济产生了1:5的拉动效应。 截至2016年，已累计演出5800多场，观众达1300余万人次。

续表

项目名称	演出地点	类型	经营现状（接待游客数量、收入等）
梦幻漓江	广西	大型山水实景演出	截至2004年底，《梦幻漓江》已连续演出一千余场，接待中外游客40万人次，在桂林持续两年保持票房第一，成为桂林旅游演艺的领军品牌。截至2010年末，《梦幻漓江》已连续演出3400余场，接待中外游客150万人次，是桂林市旅游演艺的领军品牌。2011年后新改版的梦幻漓江受到了更多的欢迎，平均每年演出500场次。
时空之旅	上海	剧场类	截至2015年，《时空之旅》创造了单一剧目连演10年、演出49 885场、接待观众超450万人次、票房收入达到4.5亿元。观看《时空之旅》的外国游客达220余万人次，占观众总数的三分之二以上。
月上贺兰	宁夏	大型原创舞剧	该剧于2007年首演至今，已累计演出186场，接待国内外观众超15万人次，演出收入突破千万元。2009年，该剧荣获第七届中国舞蹈“荷花奖”舞剧·舞蹈诗铜奖。2011年7月，受文化部委派，舞剧《月上贺兰》剧组在阿尔及利亚的特雷姆森和阿尔及尔两市参加“2011特雷姆森伊斯兰文化之都·中国文化展示周”活动，演出3场。2012年起走进许多城市，成功完成25场演出，总场次已经达到413次；2013年11月，舞剧《月上贺兰》国外文化交流演出在日本淞江市演出1场，印尼日惹市演出2场、雅加达演出3场。2015年2月，《月上贺兰》剧组应苏丹文化部、埃及文化部和埃及阿斯旺国际民间艺术节组委会邀请，分别在苏丹，埃及开罗、阿斯旺进行专场文艺演出10余场次。2016年7月，舞剧《月上贺兰》前往阿尔及利亚康斯坦丁、巴特纳、奥兰和首都阿尔及尔四座城市商演。
文成公主	西藏拉萨	藏戏	2014年，《文成公主》共演出了175场，接待观众32万余人次，总出票320 701张，总收入达到1.1亿元收入。 2015年，《文成公主》门票收入达到1.5亿元。 2017年，《文成公主》藏文化大型史诗剧第五季演出开启，自2013年8月1日正式开演以来，已成功走过四个演出季，完成演出622场，接待游客115万人次，取得了良好的社会效益与经济效益。

续表

项目名称	演出地点	类型	经营现状（接待游客数量、收入等）
金子	重庆	川剧	1997年首演以来，20年间，金子已经演出超过600场。2015年，预计将川剧《金子》拍成戏剧电影。2017年戏剧电影正式开机。
喀纳斯盛典	阿勒泰布尔津	大型舞台艺术剧	2013年7月8日首演，接待观众2万余人次，收入100余万元；《吐鲁番盛典》《喀纳斯盛典》《敦煌盛典》，逐步构建“丝绸之路盛典”系列旅游文化演艺品牌。 截至2016年，盛典三个产品已累计演出共计1500多场，接待观众30万人次，实现销售收入6000万元，取得了良好的经济效益。
你好阿凡提	喀什	实景剧	截至2010年底，该剧共演出172场，观众达到13万余人次，演出收入达到370多万元；2012年，《你好，阿凡提》曾荣获第十三届“文华大奖特别奖”和国家舞台艺术精品工程十大精品剧目，成功演出了300多场。 截至2015年，该剧共演出390场，观众达到十余万人次，演出收入370余万元。2016年上半年该剧累计演出500场。
印象二道桥	乌鲁木齐	大型歌舞剧	巴音布鲁克景区日均接待量达2000多人次，周末人数可以达到3000人次，较以往有较大幅度的增长。2012年，二道桥大剧院年接待游客8万多人次。截至2016年11月，已演出5000多场次，观众达500万人次，承担接待了国内外大批游客，在近年来举行的自治区专业舞蹈大赛中多次获奖。

我国的旅游演艺产品中，经营业绩好坏具有。既有经营收入十分可观的项目，经济效益良好的项目，也有经营业绩较差的项目。业绩突出的以“印象系列”为例，《印象·刘三姐》虽投资高达 2 亿元，从 2004—2016 年共安全演出近 5800 场，累计接待观众超过 1300 万人次。此外，文化实景演出不仅具有巨大的经济效益，而且溢出效益也十分明显，仅以旅游业为例，项目公演以来，阳朔县旅游人数从 2003 年的 281.8 万人次增加 2016 年的 1439.76 万人次，其中留宿人数从 23.3 万人增加到 27.5 万人次，旅游收入从 2.44 亿元增加到了 117.84 亿元，对当地经济产生了 1 比 5 的拉动效应。大型实景演

出《印象·海南岛》总投资 1.8 亿，属海南省文化产业重点项目，为张艺谋、王潮歌和樊跃导演，并经过近两年的紧张筹备和排练，于 2009 年 4 月 14 日在海口正式公演，虽然前期较为看好，但开演后的效益却始终无法令人满意，最终因一场威马逊台风洗劫而正式停演。究其原因，经营始终不尽如人意，主要因为市场容量不足，此演出选址于海口，企图以一场演出将海南岛的游客导流至海口，其失败乃市场规律的必然结果。

四、案例研究——《印象·刘三姐》

《印象·刘三姐》，是全球第一部全新概念的山水实景演艺，被誉为“与上帝合作之杰作”，更有世界旅游组织的官员评价为“这是全世界看不到的演出，从地球上任何地方买张机票飞来阳朔看《印象·刘三姐》都是值得的”。它以漓江水面为舞台，以 1.65 平方公里作场地，12 座山峰和天空作背景，由 67 位艺术家参与创作，经过 109 次修改的演出方案，通过民族歌舞的艺术形式和现代高科技舞台声光效果，把广西少数民族文化、漓江农民的生产和生活文化景象淋漓尽致地展现。该项目全程共 70 分钟，参与演出的人员共有 600 多人。仅以旅游业为例，自项目公演以来，阳朔县旅游人数从 2003 年的 281.8 万人次增加到 2016 年的 1439.76 万人次，其中留宿人数从 23.3 万人增加到 27.5 万人次，旅游收入从 2.44 亿元增加到 117.84 亿元，对当地的经济发展有重要的推动作用。因此，她获得多项奖项，比如“五个一工程”表演奖、国家首批文化产业示范基地、中国十大演出盛世奖、中国乡土文化艺术特别贡献奖等十多个大奖。这种实景演艺和旅游的“联姻”模式深受国内外游客的好评，并引发了一股如《印象·西湖》《印象·丽江》《印象·海南岛》及《印象·大红袍》等系列传统旅游产业与实景演艺业融合的商业热潮[①]。

《印象·刘三姐》借用了刘三姐民族文化品牌，并且直接采用闻名世界的电影《刘三姐》的名称来命名，这有效地激发人们对刘三姐文化艺术体验的欲望。通过大师品牌进行宣传，从而吸引来自世界各地的游客。《印象·刘三

① 王艳，崔文娟. 以旅游产业融合为视角的《印象·刘三姐》研究综述［J］. 广西财经学院学报，2010,（5）.

姐》开创了我国山水实景演出的先例，并广受好评。一般传统演出是在剧院有限的空间里进行，而《印象·刘三姐》演出则以自然山水为实景舞台，结合阳朔县漓江边的地形山貌，在方圆两公里的阳朔风光美丽的漓江水域上以十二座山峰为背景，构成了迄今为止世界上最大的山水剧场。此外，演出具有强烈的原生态品质，参与演出的演员中，有400多人是沿江5个村庄的渔民；舞台演出所使用的舞台道具，如转动的大水车、渔网、竹筏、捕鱼用的鸬鹚等都是当地渔民平时的生产生活用具。本土演员晚上划着竹排来演出，以朴素的动作舞蹈，以原始的嗓音表演平时对歌时所唱的山歌。当地农民积极参与演出，这在一定程度上保证了文化真实性，不仅具有极强的带入感和高还原度，还保证了民族风情的原味性，突出当地民俗、少数民族文化的特色。漓江牧童、漓江浣衣、渔舟晚唱、撒网捕鱼、鸬鹚捕鱼、耕牛归家表演等生动展现出原汁原味的渔家生活。演出还运用高新技术，融入现代文化，将刘三姐的经典山歌、民族风情、漓江渔火等元素融入主要的红色、白色、银色、黄色四个"主题色彩的系列"里，运用声、光、电、影等手段创新组合。《印象·刘三姐》全场剧情大致可分为以下篇章：序——山水传说，红色印象——对歌、绿色家园——家园、金色印象——渔火、蓝色印象——情歌、银色印象——盛典、尾声——天地颂唱等篇章。每个篇章都渗透着浓浓的地域文化气息①。主要篇章的文化元素解读如表2-6。

表2-6 《印象·刘三姐》剧情篇章的文化元素解读表

篇章	主题	地域差异性文化元素提炼
红色山歌	刘三姐传说山歌印象	山歌传唱、刘三姐风情、红色丝绸、民族音乐、民族舞蹈、民族服饰（蓝黑色衣裙、衣裤式短装、绣花围裙、百褶裙、腰带）、渔网
绿色家园	广西少数民族的民间生活场景	绿水、青山、竹林、木楼、帆影、渔火、荡舟、自行车、少女、青年男女的对歌声、耕牛归家

① 李小芳．桂林人文旅游资源评价与开发研究［J］．商场现代化，2007（9）：256.

续表

篇章	主题	地域差异性文化元素提炼
金色渔火	漓江渔民淳朴的生产生活方式	满江的金色渔火、篝火、竹排、蓑衣、鱼鹰、游动的竹排、帆船、落霞、炊烟、牛群、牧童、村妇浣衣、拉网捕鱼
银色盛典	刘三姐传说中的民间庆典	民族盛装、银质服饰、民族歌舞、身穿粗布白衣的渔民、渔网捕鱼、竹筏、牛羊、农具、山歌、满仓鱼虾

资料来源：根据《印象·刘三姐》网站上的相关资料整合

五、发展特征与模式

第一，地域风情与文化内涵的统一。旅游演艺追求传承历史文脉，深入挖掘地方文化主题，创造独特而富有地方个性。成功的旅游演艺能深入挖掘当地的地域风情和文化内涵，通过文化资源和演出手段的有机融合，凸显当地的文化特色，让游客耳目一新，感受到当地深厚的文化底蕴和文脉特征，并提高当地文化的影响力。

首先，旅游与文化互相依存，文化是旅游的内容和深层次表达，旅游则是实现文化的教化和娱乐功能的良好载体。旅游演艺项目体现了该地域的文化，将生活中的各类文化艺术化，突出文化在旅游中的“核心竞争力”。一方水土养一方人，也养一方文化，文化差异的产生通常同它所在的地理位置有很大关系。地貌、海陆位置、纬度等地域差异导致土壤、气候、植被等自然景观也有所不同，人文环境就是在这些自然环境中得以产生。如桂林山水中产生了如漓江水般剔透嘹亮的山歌，创造出《印象·刘三姐》那样的经典演艺项目；嵩山位于中原，林深雾重，孕育出少林那样坚若磐石的武功，才有了《嵩山少林》这样禅、功合一的演艺项目。尤其是入境游客，他们更多地希望在旅游过程中感受中国文化，体验不同于自己国家的民俗民风，故演艺活动的文化地域属性也是吸引更多入境旅游的有效途径。

演艺活动基于本土文化基调的演艺特性以及承载的历史和社会文化内涵等，决定了它比其他任何旅游产品，浓缩了更多文明的闪光点。典型的实景旅游演艺产品依托地域文化优势，以自然环境为灵感源头来创作，原本就同它所处的天候人文、温度湿度、山水格局融为一体，只存活于特定环境中，并将主题、艺术形象与地方文脉相结合，通过对多姿多彩的地域性文化符号的运用，呈现一场地方特色、具有鲜明个性的演出，使其具有无法移植、无法复制的特点。

《印象·刘三姐》选址于阳朔书童山脚下，一片开阔的水面，面积近两千平方公里，两水夹角处有一个半岛，隔河相望是沿江而立的十二座山峰，江面做舞台，山峰当布景，观众席设在半岛上绿色的梯田上，天地造化，浑然一处，以此得天独厚的桂林山水为舞台，再结合刘三姐的民间传说，侗、壮、苗等少数民族文化，电影《刘三姐》的爱情主题歌曲及广西少数民族文化和地域文化等，进行的深度艺术创作;《印象·丽江》深入挖掘当地以纳西族东巴文化为主的少数民族特色文化进行创作，结合蜚声海内外的三项世界遗产（丽江古城世界文化遗产，"三江并流"世界自然遗产，东巴典籍文献世界记忆遗产）①，将这些元素均融入演艺中，凸显自己的差异性，只存在于丽江，只属于丽江，充分阐释了一方水土养一方人的文化魅力;《印象·西湖》在我国最著名湖泊之一的西湖水域的背景中进行，充分利用"上有天堂，下有苏杭"在人们心中的独特认知②，将西湖的文化底蕴巧妙地融入演艺之中;《禅宗少林·音乐大典》以我国悠久的中原文化为基础，以广负盛名的少林文化和神秘的禅宗文化为核心进行创作；还有大型实景演出《鼎盛王朝·康熙大典》、大型多媒体风情歌舞诗《帝苑梦华》等旅游演出在主题、艺术形象与本地自然人文景观、历史文化方面水乳交融、密不可分，是对"地方文化符号"的高度艺术认同，从而成为不可复制、难以替代的旅游演艺精品，形成强大的市场吸引力和竞争力。

其次，旅游者进行旅游的过程也是寻找与感悟文化差异的过程，他们具

① 吴晶．张艺谋在山水间寻找新"印象"［N］．经济参考报，2005-08-22.

② 印象创意网站（印象西湖）．导演专访：张艺谋执导《印象西湖》称拍武侠就是闭门造车［EB/OL］．http：//art. china. cn/impression/xihu/txt/2006-10/10/content_219551. htm

有人性中天生的求新、求异的心理需求，不同的地域文化促使旅游者离开家乡前往异地旅游，因此他们希望在异地寻求不同于原居住地的文化风情，了解该地的风俗习惯与历史文化。

旅游者对旅游目的地文化的了解需要一种解读，虽然解读方式各不相同，但通过一个富有地域特色，具有鲜明个性的旅游演艺项目来体现一个旅游目的地的文化，无疑是比较容易取得成功的。[①]发展具有深厚文化内涵和表现力的旅游演艺产品的需求可见一斑，而现在我国诸多旅游目的地缺少特色鲜明的文化主题，缺少对文化的深度挖掘。

我国的传统文化、民族文化中蕴含着很多优秀的思想，这些优秀的文化资源要为旅游者所认识、接受，必须以一种能够准确表现这些思想且为旅游者所认同的载体投入到旅游产品的生产中。旅游演艺这一特殊载体开创了我们学习中国传统文化的新形式，它用文化消费者喜闻乐见的形式推介传统文化，以一种我们更容易接受的形式让人们在娱乐的同时也体验了传统文化，满足了旅游者的求新求异心理，同时也是旅游地文化的一次再造与重新展现。[②]

旅游演艺产品策划在充分挖掘当地的历史文化、民族文化等地域文化的基础上，可让游客真切感受到旅游目的地历史人文，其不可移动性也使得开发通常在当地进行，旅游者需要前往旅游目的地才能真正领悟其魅力，故而成为较理想的旅游产品。

其三，文化遗产和静态的文物展示比较普遍，但却难以有效吸引大量游客的驻足，通过旅游演艺活动巧妙地将目的地的地域文化特色和文化生态融入其中，增加旅游产品的精神内涵和生动文化魅力，以活态化方式最大限度地展示特色文化，使静态的旅游资源转变为动态生动旅游，既可使观众了解当地内涵，领略地方文化精髓，又能够有效激活和扩大潜在的旅游市场，吸引国内外游客、增强本地区文化旅游业市场竞争力、保持其可持续发展势头[③]。演艺活动能够比其他方式更直接地传达文化的韵味，其展现形式通过声、

---

① 刘晓璐．旅游演艺产业营销战略研究——以世博演艺中心为例展望上海旅游演艺产业［D］．上海师范大学．2011.

② 张瑞霞．旅游演艺产品策划及评估方法研究［D］．辽宁师范大学硕士学位论文．2011.

③ 李伟杰．承德演艺业深层次突破探析［J］．山西财经大学学报．2014，36（S1）：69.

光、色的多重刺激，将文化的立体形象直接呈现在旅游者面前，其富有艺术感染力的形式更能深入人心[①]。

此外，旅游演艺属于文化创意产业，文化创意中的“创意”或“创造力”包括两个方面含义：第一是“原创”，即前人和他人没有的首创；第二是“创新”，即经别人创造后，将其进一步地改造成新东西，给人以新的感觉[②]。在《印象·刘三姐》的创作中，刘三姐是广西壮族杰出的民间歌手，被誉为“歌仙”“歌圣”。20 世纪 60 年代，电影《刘三姐》使之成为广西文化形象的代表和国人家喻户晓的电影人物。在旅游演艺节目的创作过程中，既尊重了一直以来刘三姐带给人们的特定印象，也在此基础上有了新的创造，将爱情和对歌、人物的对立冲突等都融入其中，既保持了观众对刘三姐的熟悉感，又推陈出新，符合艺术创作的要求[③]。这些旅游演艺既有动态展示，又在原有的基础上进行创新，符合历史发展规律和游客内心需求，成为创造旅游经济效益和社会效益的良好方式。此外，旅游演艺已成为当地文化展示与传播的重要载体和窗口，对当地文化遗产的保护与发扬光大，具有十分重要的现实意义。

第二，政府主导和市场运作的结合。在中国社会主义市场经济下，文化产业与旅游产业融合必须要与大环境融为一体，以此获得更多发展助力，也符合经济社会的发展规律。在旅游演艺发展的过程中，必须坚持政府主导和市场运作的协调统一，发挥政府引导作用，结合市场需求和运作，同时注重商业与艺术的融合。通过政府的政策引导、资金扶持和宣传推广以及市场的产业化、集团化和品牌化运作，形成发展合力，更好地推动旅游演艺的健康、可持续发展。

政府的主导作用不是完全的政府包办，而是以市场为主，提高政府的参与度，在政府的引导下，把企业、艺术家、当地村民、非政府组织等有效结合起来，形成一股强大的合力。市场主导作用主要体现于以下几点：在用地、

---

① 赵旭 . 旅游区旅游演艺项目规划策略研究［D］. 华中科技大学硕士学位论文 . 2011.

② 胡正荣，车辉 . 文化创意产业核心与发展关键［C/OL］. 北京：首届北京中青年社科理论人才“百人工程”学者论坛，2007：296-305.

③ 彭俐 . 张艺谋为何看上《刘三姐》［N］. 北京日报，2000-07-17.

贷款、税收、劳动用工等方面提供必要支持；通过积极向社会发出信号，以便更加高效地寻找投资商；借助自身优势对旅游演艺产品进行宣传推广；聘请专家会诊，组织专家论证，帮助企业提高演出质量，引导企业提高产品的认知度和美誉度等。政府参与主要体现在前期融资、用地、贷款税收、劳力等方面提供相关支持，创造良好的旅游演艺市场环境。比如大型实景演艺产品一般投资额较高，单独靠演艺产品投资者自有资金较为困难，政府则可通过服务、引导和协调，创造一个良好的投资环境，然后注入启动资金，使用多元化的融资机制，引入市场开发主体，让非公有资本尤其是民营资本的参与，保证产品开发所需要的资金。这些大型的旅游演艺产品由政府、演艺公司、旅游景点、传媒各方投资成立项目制股份公司，综合运营实施管理项目，形成由市级分管，领导统筹协调，文化产业、旅游行业跨部门联动协调机制，同时与演艺相关的科技、环保、宣传、演艺团体、剧院、演出中介、旅行社、酒店等形成有效的营销机制和积极的市场推广，就是一个非常好的发展模式。

市场需求是决定演艺节目能否健康、可持续地生存下去的关键因素。在市场经济条件下，要紧紧地把握现代旅游的理念和规律，依靠市场化机制进行操作和运行，以争取较好的经济效益和社会效益。旅游演艺项目要想经久不衰，必须结合市场定位、目标市场细分以及市场反应做出相应调整和创新。

在以市场需求为目的打造的演艺活动中，北京红剧场的《功夫传奇》、欢乐谷的《金面王朝》，湖南长沙田汉大剧院的《梦幻之夜》，上海的《时空之旅》，深圳的《世界之窗》等都借助旅游市场的人气进行开发，取得了不俗的效益。如早已超过千余场演出频次的《功夫传奇》，其成功的关键因素就是市场定位的精准性，不仅在国内驻演，而且在国外巡演；再如《梦幻之夜》，其演出主题一年一变，演出内容每月微调，除了大年三十、初一初二停演外，这个剧组全年演出几乎是场场爆满。

在旅游演艺产业的开发上，完善的市场运作包括良好的投资机制、精细化的管理运行、有效的营销机制、出色的市场推广等。通过成熟的市场运作，可以将文化产业与旅游产业最大化地结合起来，在产品开发之初就定位于市场化运作，在产品的开发、营销、经营等方面坚持市场导向，以旅游者的需求为中心，创造出适合旅游者需求的、对旅游者具有吸引力的成功的旅游演艺产品。通过众多旅游演艺作品的演出反映来分析，旅游演艺项目只有对市场负责，让观众认可，拿效益说话，以市场为本源，才会经久不衰、蓬勃发展。只叫好不叫座的演艺产品不会有市场，又叫好又叫座的演艺产品才应该是我们追求的目标①。

其中，市场营销是旅游演艺发展的重要组成部分。河南开封对大型水上实景演出《大宋·东京梦华》进行了市场定位，将其定位为主流政治文化、宋词文化以及北宋俗文化，与《禅宗少林》形成互补，“一山一水，一东一西，一文一武，一刚一柔”②。桂林《印象·刘三姐》从顾客的角度，运用体验营销，确定营销的主题，从感官营销、情感营销、思考营销以及关联营销入手，对其进行宣传营销，实现企业和顾客的双赢③。湘西地区从产品营销、销售策略、促销策略等方面推动地区旅游演艺的发展④。上海将旅游演艺的目标市场定位为境外客源，针对目标市场制定适当的营销模式⑤。通过旅游演艺产品的开发、定价，旅游演艺场馆的选择，旅游演艺产品的促销等综合营销来对旅游演艺产品进行市场定位，制定营销策略⑥，有效保证了旅游演艺活动的快速发展。

商业与艺术的融合，对打造优秀品牌十分关键。一台成熟的旅游文化演艺节目，其内容不应只局限于文化性上，还要结合商业性演出，不仅要有文艺性，也要有互动性和参与性。演出的创作基础是艺术的，但其营销方式却是商业的，并以此来吸引游客的注意力而获得经济效益，将艺术与商业进行完美结合。在艺术欣赏层面，演出节目符合游客口味，强调娱乐性、休闲性和雅俗共赏，而非单纯的艺术性。旅游演艺产品也可富于弹性、形式多变，如小型的景点表演可根据场地环境创作节目，根据现场观众要求即兴调整演出以实行弹性生产；大型表演则可以特效、舞美、灯光、音响等灵活调整设

① 贾芸．论我国旅游演艺的内涵与发展对策［J］．职大学报．2014（03）：76-79.

② 李新，梁记安．水之语，宋之魂——解析大型水上实景演出《大宋·东京梦华》［J］．河南广播电视大学学报，2010（4）：50-51.

③ 王昂，陈亮．旅游文艺演出产品体验营销初探［J］．中国集体经济，2009（28）：78-79.

④ 覃雯．旅游目的地民俗文化资源营销创新研究［J］．财经问题研究，2010（4）：116-121.

⑤ 韩冰．从“时空之旅”的成功看上海旅游演艺市场开拓的初期阶段［J］．经济咨询，2007（4）：54-56.

⑥ 刘晓璐．旅游演艺产业营销战略研究［D］．上海：上海师范大学，2009.

计创造完美艺术效果等。在商业性质层面，旅游演艺能吸引旅游者，延长游客的逗留时间，进而产生经济溢出效益，带来可观的商业利益。采用市场化的经营管理模式，对旅游演艺活动的发展具有极大的促进作用，也能够更好地发挥开发商对旅游演艺的创新动力。而且，以盈利为目的也为演艺项目的全方位开发提供了动力，即营销娱乐化、娱乐营销化，也可保证旅游演艺经营者积极开发新的适应市场需求的产品，并深入研究旅游者的文化、物质以及心理需求，使演艺活动得以变化创新而长盛不衰[①]。此外，引入社会资本也不失为市场运作的较好选择，云南大理的《风花雪月》、杭州《宋城千古情》、桂林的《印象·刘三姐》等都探索了民间资本的运作经验。利用民营资本进行运作打破了靠政府拨款的传统路子，既能盘活当地资源存量，又能带动一方百姓富裕。

以印象系列为例，其旅游文化创意是在政府主导和支持下，通过创意者的天赋提高社会知名度进行创意生产的旅游演艺产品，不仅包含了一般意义上创意产业的特点，其原生地的展示，也牵动了旅游者向旅游目的地的流动，保障了产品在创意生产地消费，为旅游目的地发展注入了新的活力[②]。《印象·刘三姐》是“印象系列”创意的第一部，该创意属于“政府引导、民间投资、市场运作”的产业运作模式。《印象·刘三姐》从创意、立项、投资、论证、演出到推广，始终发挥着政府的前瞻性引导和超前的促进功效作用，使政府引导作用与市场推动力完美结合，大大促进了项目的成功。它最初由广西壮族自治区文化厅立项，投入20万元启动项目，之后引入广维集团[③]。广维集团作为控股方与广西文华艺术有限责任公司共同组建桂林广维文华旅游文化产业有限公司，并投入了9000万元资金，并将一整套企业管理的模式引入了《印象·刘三姐》的运作中，使艺术构思落地在企业管理的坚实平台上。《印象·刘三姐》取得成功后，文化部特别召集有关人员到阳朔开过现场会，该创意被评为文化部2004年十大演出最高奖，并被列入全国第一批文化产业

① 赵旭．旅游区旅游演艺项目规划策略研究［D］．华中科技大学硕士学位论文．2011.

② 白凯，原勃．扎根理论下的印象系列分析［J］．陕西行政学院学报．2009，23（01）：15-20.

③ 印象创意网站．新闻追踪（印象刘三姐）．《印象刘三姐》留下深印象（文化观察）．http：//art.china.cn/impression/liusanjie/txt/2006-09/06/con-tent_167355.htm.

示范基地。《印象·丽江》被定位为云南文化产业发展的重点项目，省委、省政府全力以赴支持把《印象·丽江》打造成一流的文化品牌[①]。《印象·西湖》上演前一年多杭州市委市政府领导就已与张艺谋等创作团队联系此事。“打造《印象·西湖》是杭州市委、市政府经过长期慎重的研究、酝酿、论证后做出的一项决策”。当时，市委、市政府提出要“根据杭州建设文化名城的需要，根据杭州大力促进旅游业发展的需要，打造一个标志性的文化项目”[②]，在该项目因环保问题受到质疑时，杭州市政府也亲自召开新闻发布会为该创意项目进行辟谣和正面宣传[③]。“印象系列”的产生，既与张艺谋等创意人的文化创造具有很大关系，也与政府作出的促使本地区经济、文化进步的优化产业政策密不可分，是政府主导和市场运作的统一。

第三，主题多样性。旅游演艺项目类型多样，内容丰富。首先，除了常见的舞台表演等活动之外，还有即兴表演、巡游表演或旅客参与性的演出活动。无论是哪种表演形式，都具有其鲜明的主题和特色，同时，旅游演艺的资源、市场和产品均围绕演艺活动主题进行。其次，旅游演艺又分为剧场依托型、景区复合型、山水实景型和宴会舞蹈型，每种类型的表演主题、内容和形式又都各不相同：如《禅宗少林·音乐大典》突出禅宗与少林两大主题；《千古风流》以生命与爱情为主题；《又见平遥》以山西历史文化、晋商特色、民族特色、山西人、事、物为表演主题等。当然，旅游演艺主题的多样性也与当地的资源特色存在着密切联系。再次，只有不同旅游演艺的主题足够多样，才能充分体现其独特性，进而吸引游客和消费者眼球，带来更多商机，实现旅游演艺自身的经济和文化价值。

在主题多样性方面，一则撷取富有辨识力的自然、人文景观作为演艺活动的主题，如宁夏镇北堡影视城，以其独特的宁夏黄土高坡的苍凉朴拙风光吸引游人；乌镇旅游中用皮影戏和大戏台上的桐乡花鼓戏，作为画龙点睛式的演艺活动。二则规划设计者运用独到的眼光、敏锐的思维和洞察力，在时

① 李开义．张艺谋到云南打造《印象·丽江》[N]．云南日报，2005-08-19.

② 丁雄英．瞩目印象西湖：就《印象西湖》实景演出生态环保等问题答记者问[N]．杭州日报，2006-11-04.

③ 余东明．《印象西湖》遇兼顾旅游环保难题[N]．法制日报，2006-11-06.

下各种文化思想潮流中选择具有较强时代性的旅游主题作为演艺活动创作的来源，充分体现知识性与趣味性，激发游客求知求新求奇的内在心理。如2005年，中国国家旅游局提出发展红色旅游，并把红色旅游作为当年旅游发展的主题，在红色旅游景区中开展的各类展现抗日战争时期重大战役或国共合作重要历史时刻场景的表演，都是较好的例子。此外，主题鲜明、表演动感化的演艺活动可以给旅游区带来环境和资源品质上的变化。

六、发展方向与趋势

第一，坚持文化的深度挖掘。文化旅游演艺产品的开发要与本土社会、历史、民族和民俗文化接轨，力求特色鲜明、创意新颖，这需要将一个地域的地理文化背景的基本特征把握好，包括对自然条件、地理环境、文化氛围、文化传统和社会人文背景等因素进行筛选，判断该文化资源可以在较长的历史时期内保持稳定性，然后把那些与其他地方相比，更能突出当地文化特征的优势资源提炼出来，进行开发和设计创新。对文脉的把握，就是将演出项目背景化、深层化的过程，就是对地方文化特征进行考察和提炼，找出能体现地方文明、反映地方形象的独特亮点，并以此作为开发演出项目的出发点。要把握地方文化特征，一要提炼那些同其他地方相比更能突出当地文化特征的优势资源；二要考虑到该文化资源的优势是否可以在较为长的时期的稳定性，昙花一现的文化现象只能红火一时，对项目和目的地的持续发展不利。

当所有外在条件相对不变的前提下，演出效果的创意设计就成为核心竞争力。良好的创意不仅使文化特征具体化、可视化、艺术化，更能使当地文化资源优势得以充分发挥。《印象·刘三姐》就是运用了独一无二的方式来诠释桂林的自然美和文化美。刘三姐及漓江都是桂林举世闻名的两大旅游文化资源，但产品并没有落入俗套，而是选择了一条较高雅的、印象派的路线，采用生活化的场景——捕鱼、拉网、荡舟、渔歌，写意地将刘三姐的经典山歌、少数民族风情及漓江渔火等元素进行创新组合，不着痕迹地融入桂林山水之中，成为一场视觉艺术的革命[①]。不仅如此，在开发过程中，要进行多种资源的有机结合，包括与“绿”“古”“俗”的结合：“绿”为自然资源，即将旅游资源与自然山水相结合。一般旅游景区拥有较好的生态环境，所以在开发旅游产品时要注重自然保护，大力发展生态旅游以及山水实景类演艺产品，注意参与性、文化性、娱乐性、体验性的结合，变传统旅游单一的观光型旅游为以生态观光、实景演出等为主，产生更强的旅游吸引力；“古”为地域历史文化资源，即将旅游资源与当地历史文化相结合。资源可以提升旅游的文化内涵，形成具有强烈地方特色的旅游产品，满足不同层次旅游者的需要；“俗”为旅游地风土民俗，即将旅游资源与当地特色的民俗相结合。这不仅能够扩大旅游景区的范围，还能够增加旅游活动的趣味性和参与性。例如，在瑞金红色旅游区中游客能够观看客家歌舞表演，与当地居民同吃同住来体验民俗等。

第二，加强规律研究与理性开发。应注重加强理论研究，如“舞台真实性理论”，运用于实景演出的开发，有助于最大程度地减轻文化商品化所带来的负面影响，保持原生文化的客观真实性，实现大型实景演出的持续健康发展[②]。开发成功的要素和理论规律，充分研究旅游市场，并将成果在行业进行宣传教育，使政府和行业企业在投资过程中更加理性。

总体来说，旅游演艺项目往往是大投入工程，如果不能开发出适合市场的项目往往失败，导致的损失会很巨大。为了找准项目的市场定位，应组织相关部门对旅游演艺市场进行调研：包括国内旅游文化演出市场的投资建设情况、文化演出种类和规模、演出公司的经营模式和发展前景、所在区域的重点文化旅游活动、旅游演艺市场客源结构状况、游客的消费需求、旅游演艺市场发展的制约因素等情况，从而提出本区域旅游演艺开发的思路和对策。

“政府扶持、企业运作、市场主导”的思路既是旅游业发展模式，也应当成为旅游演出市场开发的主导思路。在开发过程中，企业应遵循市场规律，

① 诸葛艺婷，崔凤军．我国旅游演出产品精品化策略探讨［J］．社会科学家，2005（05）：121-123.

② 赵鹏，黄成林．基于“舞台真实性理论”的旅游演艺产品开发——以大型山水实景演出为例［J］．乐山师范学院学报，2011，12：35-37.

注重理论与实际的结合，开发以传统文化为主题的产品，使投资的旅游演艺产品赢得消费者的喜爱。在对旅游演艺产品进行开发、培养以及基础服务设施的建设的时候，应该以政府财政投资为引导，还要吸引一定的民间资本，这样才能使景区形成固定的文化产业链和多元化的产业格局。例如，《中国出了个毛泽东》实景演出是韶山红色旅游景区的主要旅游演艺产品，它是由韶山红色文化旅游集团、北京中科招商集团、湘潭城乡建设集团共同组建成韶山润泽东方文化产业发展股份有限公司后合力开发的。其中，中科招商占股60%，韶山红色文化旅游集团占股20%，湘潭城乡建设集团占股20%，公司注册资本金为1.5亿元，预计投资5亿元。这充分证明，当政府能够采取政策性手段使投融资环境宽松，吸引更多的投融资渠道，才能使整个行业的组成固定，资金链稳定。同时，企业应加强对生态环境保护，同时针对近年来一些影视制作和大型实景演艺活动不惜以过度消耗资源和破坏生态环境为代价来换取高票房收入，导致生态破坏与环境污染日益严重的问题，提出了针对性的对策。旅游演艺产品在生态环保方面做出了积极的努力并取得了显著的效果，如《印象·刘三姐》《印象·西湖》《禅宗少林·音乐大典》等演出在灯光、音响系统、演出舞台、观众看台乃至厕所设计等方面，均别具匠心，充分考虑了环保的要求，采用现代科技，力争环保化，证明了旅游演艺对自然生态环境的重视。

第三，坚持多元创新。开发旅游演艺产品应该从不同角度的进行尝试，如音乐剧、街头表演等，注重更强的参与性和更多样的表现形式。作为成功的案例，华侨城最重要和最大的优势在于，经过多年探索、创造、发展和积累，不仅形成了一种融合大型广场艺术、歌舞、民间游艺、音乐、魔术、杂技、小品、戏剧、极限运动、体育表演、街头艺术、花车造型艺术等多种元素的综合艺术形式，且构筑了一套各种演艺形式紧密配合、相互补充的旅游演艺体系。这些综合性的大型演出，不仅演员的表演、演唱深深吸引人，而且每个环节都绽放出耀眼的光芒。华侨城旅游演艺比传统的音乐舞台剧或文艺晚会更具有一种综合美感，它在视觉和听觉上给予观众的冲击力、震撼力和感染力，让人们感受到文化演艺的无穷魅力。

旅游演艺项目不仅在表达手法上，在充分利用目的地文化、民间传说、电影等要素资源上也是创新的一部分。以东部华侨城《天禅》为例，它以中国古老的茶禅文化为主题，运用了诸多现代科技手段来演绎这种神秘的东方文化：多元立体的表演、恢宏震撼的舞台效果、厚重深邃的思想内涵，给人们带来全方位的视听震撼和全新的艺术享受。在形式上，它充分融合了茶文化、禅文化、茶马古道、少林武术、中国杂技等元素，从而使无论哪个层次的消费者，都能从中找到自己的兴趣点和感官乐趣。目前，同时在华侨城上演的就有 20 多台完全不同的旅游演艺节目，这些内涵丰富又相补充的演出，保证了游客在华侨城不同景区，甚至是反复去同一个景区，都能欣赏到艺术上各具特色的精彩演出，这在全国其他景区或剧团是很难企及的①。因此，旅游演艺产品应该是综合的艺术形式，把一流的音乐、戏剧、舞蹈编在一起，变成一种新的呈现形式。

旅游演艺项目在开发之初，就要具有更新升级的理念，不要做大量资产投入，如舞台、设备等，而更应放到软性开发上来，如演员培养、故事设计、文化挖掘、市场需求等。市场经济条件下，面对演艺市场越来越激烈的竞争，如果演出不能做到及时的更新换代，推陈出新，以应对市场需求的不断变化，长此以往，观众不可避免地产生审美疲劳，演出将逐渐失去对观众的吸引力，进而迅速地进入衰落期，并逐渐遭到市场淘汰。因此，要使一个品牌经久不衰、独树一帜，还是离不开更新升级。在硬件上，开发旅游演艺产品应因地制宜，注重可持续性发展，有效地结合其他资源，用新鲜元素吸引游客。这是《宋城千古情》成为品牌项目的一大核心竞争力。2003 年，为《宋城千古情》量身打造的剧院落成。剧院版《宋城千古情》阵容空前，参演人员超过300人，节目构思大胆、高潮迭起，细节处理精益求精。2007 年，公司投资5000万元，从舞台格局、大型LED屏以及演出品质等方面进行全面整改提升。在软件上，2009 版的《宋城千古情》充分提炼绸伞、团扇、采茶、丝绸、江南丝竹、江南小曲等元素，增添了柔情似水的江南风情。2010 版，则将原先六幕的演出改成了四个主题和尾声，并增加了流行元素和当代气息。上演至今，宋城始终遵循“一月一小改、一年一大改”的方针，每年投入改进节目的费用就高达

① 简彪．透视中国文化演艺的“华侨城模式”［N］．中国文化报，2011-05-13005.

1000万元①。更新升级是旅游演艺产品保持鲜活生命力的源泉。旅游演艺产品只有结合市场需求对演出的内容和形式进行不断的调整升级，才能形成自己真正的品牌，才能产生长久的文化魅力和吸引力。

旅游演艺作为文化创意旅游发展的重要产品形式，具有巨大的发展潜力和空间，但应在实际开发运作中，注重前期规划、中期运营、后期创新等各阶段的统筹，协调政府、企业、游客等各主体间的利益，全面提升文化的创意化表达和体验化设计，打造更具文化价值和人本理念的旅游产品形态，实现经济、社会、文化、生态等多方位的综合效益。

① 罗曼丽.大型旅游演艺产品品牌建设研究——以《宋城千古情》和《印象·西湖》为例［J］.长春师范学院学报，2013（06）：66-68.

第五章
文化主题公园的发展

一、基本发展情况

现代主题公园起始于美国，在世界范围内已有五六十年的历史，其发展已经比较成熟。中国主题公园随着国内经济的发展也得到了快速地发展，加之全民休闲时代的来临，主题公园迎来了更加诱人的发展机遇。

一直以来，国内外学界对主题公园（ThemePark）的概念解读在内容上基本一致，但侧重点有所不同。国外学者更多地强调主题公园的旅游产品特性或商业行为特征，而国内学者更侧重于强调主题公园的旅游资源属性。美国国家娱乐公园历史协会（National Amusement Park History Association）认为，"主题公园是指乘骑、景点、表演和建筑都围绕一个或一组主题而建的娱乐园"[①]。美国都市与土地研究室将主题公园定义为"一个可以营造某种特殊氛围的游乐场所"[②]。马里奥特（Marriott）公司的定义是，"以特定的主题或历史区域为导向，将具有连续性的服装和建筑结合起来，利用娱乐和商品提升

① Theme Park Online［EB/OL］. www. themeparksonline. com.

② 美国都市与土地研究室，刘丽卿译. 游憩区开发——主题园、游乐园［M］. 台北：创新出版社有限公司，1992.

幻想氛围的家庭娱乐综合体”[①]。我国在主题公园发展的初期，曾把主题公园称为“人造景点”或“人造景观”。随着国内主题公园的不断发展以及专家学者研究的不断深入，“主题公园”的概念逐步取代了“人造景观”的概念。保继刚（1994）认为主题公园是一种人造旅游资源，它着重于特别的构思，围绕一个或多个主题创造一系列有特别的环境和气氛的项目吸引旅游者[②]；楼嘉军（1998）认为主题公园是现代旅游业在旅游资源开发过程中产生的新的旅游吸引物，是自然资源和人文资源的边际资源，是信息资源与旅游资源相结合的休闲度假和旅游活动空间，是根据一个特定的主题，采用现代科学技术和多层次空间活动的设置方式，连接诸多娱乐活动、休闲要素和服务接待设施于一体的现代旅游目的地[③]；董观志（2000）则将主题公园定义为：为了满足游客多样化休闲娱乐需求和选择而建造的一种具有创意性游园线索和策划性活动方式的现代旅游目的地形态[④]。此外，吴承照[⑤]、魏小安[⑥]等人也分别从不同角度对主题公园作了定义。

综上所述，可以概括出主题公园的基本要素：第一，主题公园是一种人造的特色旅游资源。第二，主题公园具有一个或几个突出的主题，即为主题公园的灵魂；第三，主题公园是满足旅游者娱乐需求的旅游吸引物之一。因此，我们可以将主题公园定义为：为满足旅游者的娱乐休闲需求，集商业实体、娱乐活动、休闲要素、服务接待于一体，利用现代科学技术、文化表现手法，围绕既定的主题而人工建造的现代旅游空间。

1937年，维也纳举办了举世瞩目的博览会，人们对机械娱乐项目开始产生强烈的兴趣。随之以大型机械设施为主，追求惊险刺激的游乐场所在世界各国出现。19世纪纽约康尼岛建成了一个举世无双的赛马园，美国成为世界上主题乐园建设的开拓者。20世纪50年代中期，主题公园以一种现代新型休

---

① （英）法伊奥（Fyall,A.）等主编；郭英之主译. 旅游吸引物管理：新的方向［M］. 大连：东北财经大学出版社，2005.

② 保继刚. 深圳、珠海大型主题公园布局研究，热带地理［J］. 1994（3）：266-272.

③ 楼嘉军. 试论我国的主题公园［J］. 桂林旅专学报，1998，9（3）：47-51.

④ 董观志. 旅游主题公园管理原理与实务［M］. 广州：广东旅游出版社，2000.

⑤ 吴承照. 现代旅游规划设计原理与方法［M］. 青岛：青岛出版社，1998.

⑥ 魏小安，刘赵平，张树民. 中国旅游业新世纪发展大趋势［M］. 广州：广东旅游出版社，1999.

闲娱乐旅游地的形态脱颖而出。1955 年，迪士尼乐园的开业标志着现代主题公园的来临。20 世纪 60 年代，主题公园进入飞速发展的阶段。1983 年，日本东京迪士尼乐园开业。1992 年，法国巴黎迪士尼乐园成功开放。截至 2010 年 3 月，美国加利福尼亚州、佛罗里达州、法国巴黎、日本东京、中国上海、中国香港 6 处地方建有迪士尼乐园。美国主题公园已经进入非常成熟的发展阶段。另外，欧洲的德国公园 1976 年开放；荷兰的爱福特宁乐园主要以动物为主；瑞典的尼斯堡乐园内有 20 多个主要景点，还有号称世界速度最快的过山车；英国的主题公园由海滨区域向内陆发展，阿尔顿塔公园有 1810 年的豪华城堡，1992 年，增添原始人村落和其他旅游设施；西班牙的规模小，分布着地中海海岸区域，主要以水上游乐最受欢迎；澳大利亚的梦幻世界是比较著名的主题公园，大洋洲的其他主题公园主要分布在黄金海岸一代；非洲的主题公园则以展示热带动物、反映非洲古代文化为主要特点，如南非、肯尼亚等①。总的来看，美国发展最好，其次是日本，欧洲以及其他国家主题公园的发展潜力巨大，发展进度不一。

中国的主题公园从 20 世纪 80 年代初兴起，80 年代末进入成长期，到 90 年代成为迅速发展时期，90 年代后期至今逐步走向理性的成熟期。1979 年，杭州的“宋城”以“清明上河园”为范本建造了最早的主题公园，成为我国最早主题公园开发的雏形，开创了我国人造景观的先河。1989 年，世界上规模最大的微缩景观——“锦绣中华”成功开业，标志我国主题公园进入成长的第二个阶段。此后，作为一类景点和旅游发展新形式的主题公园迅速被引入中国，我国开始出现大量人造微缩景观，如各类大观园、影视基地、太空城和民俗村，主要分布在上海、北京、广州、深圳、杭州、苏州等东部发达城市，这个时期成为我国主题公园建设的大发展时期。90 年代中期以后，对主题公园进行反思，逐步规范公园建设的环境主题，进而进入理性思索、走向比较成熟的发展阶段。1998 年，《中国主题公园发展研讨会》的举办标志着我国主题公园理论研究走向成熟和实际开发走向理性化。据统计，20 世纪 90 年代后期，广州有 40 个主题公园，北京有 39 个主题公园②。进入 21 世纪，经

① 方涛．文化主题公园环境景观的内涵挖掘与整体表达研究［D］．合肥：合肥工业大学，2013.
② 柳森森．中国主题公园何去何从？［N］．中国社会科学报，2011.

济的持续发展，居民休闲娱乐的强劲需求，旅行交通条件的改善，政府、民营和海外资本的多种投资介入，推动了中国进入大型主题公园发展的新时期，各类商业化主题公园层出不穷。总体来看，我国主题公园分布广泛，但主要集中在长三角和珠三角两个三角洲等沿海地带。

二、行业现状及问题

2009年，国家出台了《国务院关于加快发展旅游业的意见》，明确鼓励大型主题公园的发展。同年出台的《文化产业振兴规划》，明确提出“加快建设拥有自主知识产权、高技术含量和中国文化特征的主题公园”。2011年，作为试点单位的常州恐龙园，组织起草和发布了《主题公园服务规范》的国家标准，对主题公园的主题场景、服务供应、安全和应急、投诉处理和满意度评估等5个方面进行了基本的规定性要求。这些政策及标准为新时期中国主题公园的发展指引了方向。

据全球主题公园指数报告显示，2012年，全球最大的25家主题公园累计接待游客就高达2.06亿人次，约占全球范围内游客接待量（国际旅游+国内旅游）的3%，它们主要分布在美国、日本、法国、香港、韩国、德国、荷兰等发达国家和地区；中国大陆地区的深圳东部华侨城上榜，位列第25位[①]。

我国主题公园在2000年以前，主要是学习西方，摸着石头过河。在经历了2000年前后主题公园的“一年兴，二年盛，三年衰，四年败”的短生命周期现象之后，我国主题公园开始大规模的发展，以“旅游+房地产”为特色的成片综合开发受到开发商和地方政府的偏爱。相比2000年之前，主题公园在占地面积、投资规模上更大、品牌推广上更多，游客管理和服务质量方面也得到全面提升。越来越多的主题公园发展壮大成为国家5A级旅游景区。截至2017年底，247家国家5A级旅游景区中，主题公园占28.4%，半主题公园占14.2%，剩下的则为非主题公园。此外，中国的旅游企业赶超世界知名主题乐园企业的势头强劲。根据全球旅游业权威机构主题娱乐协会（TEA）与

① TEA/AECOM. Theme index：Global attractions attend ancereport 2012.［EB/OL］. www. aecom. com. 2013-11-13.

第三方旅游行业研究及咨询机构美国AECOM集团联合发布了《2016年全球主题公园调查报告》的数据显示，2016年，在世界范围内，中国主题公园游客量增幅较为显著，入围前十位的三家中国主题公园整体游客增长率远高于其他国家，其中华强方特2016年接待游客同比增长37%，华侨城与长隆集团分别同增11.9%、16%；若以年接待游客数量计算，华侨城、方特和长隆分别排名全球第四、五和七位。而美国迪士尼、英国默林和美国环球影城依然牢牢占据前三甲。

在大型主题公园的示范效应下，2000年以前，主题重复、短周期建设的中、小型主题公园遍地开花，统计显示，20世纪八九十年代，全国共有超过50个西游记宫。2000年以后，大型主题公园发展迅速。AECOM统计数据显示，截至2016年10月，中国目前共有约59个在建主题公园。2012—2013年，中国共有14个主题公园开园，预计到2020年，共有64个主题公园将建成运营。

在区位分布上，我国主题公园呈现出接近主要城市市场，毗邻已建成大型旅游区，有高速或高铁通过的地区，甚至在相对不发达的地区。空间分布相对集中在中国东部的环渤海经济圈、长三角经济圈和珠三角经济圈。目前，主题公园成为地方上引以为傲的标志物，如西安大唐芙蓉园。同时，主题公园也成为地方政府致力"主题公园＋主题商业＋主题社区"复合开发推动城市化进程的手段。来自不同行业、不同企业的资本在这片战场上不断进行着新旧角逐。

三、基本类型及特征

主题公园的分类比较广泛，按主题公园主题的性质可以分为文化历史型、名胜微缩型、民俗风情型、科技娱乐型、影视娱乐型、自然生态型、综合旅游型[①]。按照主题公园内容划分至少可以分为四类：（1）以拥有过山车、大摆锤等刺激性游乐项目为代表的主题公园，如北京欢乐谷、常州恐龙园、芜湖

① 幻杨睿．我国主题公园市场营销组合策略实证分析［D］．上海：华东交通大学，2009.

方特；（2）以动植物展示和生态景观为主题的主题公园，例如上海野生动物园、大连极地海洋馆、杭州西溪湿地等；（3）以影视剧、动漫、电脑游戏等为主题的场景模拟型主题公园，如香港迪士尼乐园、常州环球动漫嬉戏谷、横店影视城等；（4）以民俗村、历史朝代和宗教圣地等为代表的文化再现型（更准确地说是文化的空间表达）主题公园，如西安大唐芙蓉园、海南三亚南山文化旅游区等。

主题公园一般具有以下特征：主题的创新性、特色的大众性、效益的广泛性、参与的体验性、高要求性[①]。主题的创新性就在于主题公园的文化创新，特别是文化的创意性运用和推陈出新，这也是主题公园的灵魂所在，是主题公园异于其他主题公园决胜于千里之外的关键所在。

四、案例分析：大唐芙蓉园

西安大唐芙蓉园位于陕西省西安市曲江新区，是国家AAAAA级旅游景区，全国首个全方位展示盛唐风貌的大型皇家园林式文化主题公园，是首个五感（即视觉、听觉、嗅觉、触觉、味觉）主题公园。大唐芙蓉园建于原唐代芙蓉园遗址所在地，占地666,000平方米，总投资13亿元。景区包括紫云楼、仕女馆、御宴宫、芳林苑、凤鸣九天剧院、杏园、陆羽茶社、唐市、曲江流饮等众多景点。大唐芙蓉园分别在帝王文化区、女性文化区、诗歌文化区、科举文化区、茶文化区、歌舞文化区、饮食文化区、民俗文化区、外交文化区、佛教文化区、道教文化区、儿童娱乐区、大门景观文化区、水秀表演区这十四个景观文化区，每天上演各种精彩节目，包括祈天鼓舞、教坊乐舞宫廷演出、艳影霓裳服饰表演、少林武术表演、舞狮、高跷、杂技等。每晚上演的全球最大水幕电影，集音乐喷泉、激光、火焰、水雷、水雾为一体，带给游客震撼的立体感觉。园区主题演出大型梦幻诗乐舞剧《梦回大唐》，恢宏大气，如梦亦幻。园区集中展示了唐王朝一柱擎天、辉耀四方的精神风貌、璀璨多姿、无与伦比的文化艺术以及它横贯中天、睥睨一切的雄浑大气[②]。

① 丁晓楠．我国主题公园虚拟经营的研究［D］．大连：东北财经大学，2004.

② 西安大唐芙蓉园［EB/OL］．搜狗百科：http：//baike. sogou. com.

2005年4月11日，大唐芙蓉园正式对外开放，并且逐渐在竞争异常激烈的旅游市场中脱颖而出，迅速打响知名度。

大唐芙蓉园以大唐文化为魂，园区建设以水为核心，融体验观光、休闲度假、餐饮娱乐为一体，可以说是一个浓缩了大唐文化的大型主题博物苑。大唐芙蓉园的主题选择“大唐文化”，是其成功的根本因素。首先，“大唐文化”的主题具有一定的创新性和独特性。在全国的主题公园模仿成风的时候，大唐芙蓉园独辟蹊径，以“大唐文化”为主题，耳目一新，与其他主题公园区别了开来。加之西安作为唐朝的都城，具有深厚的大唐文化内涵积淀，这使得大唐芙蓉园具有得天独厚的优势，很难被其他城市模仿。其次，“大唐文化”的主题定位符合西安的城市形象，与西安历史文化古都形象相呼应。再者，大唐芙蓉园是在著名的唐代曲江皇家园林——芙蓉园基础上修建而成的，以“走进历史、感受人文、体验生活”为背景，展示了大唐盛世的灿烂文明，契合市场的需求和游客的期盼。再次，大唐芙蓉园的建立，补充了陕西动态人文旅游资源不足的现状，与陕西其他静态人文旅游资源动静相宜、相得益彰。对于大唐芙蓉园的主题的创新，文化的精准定位，使大唐芙蓉园拥有了永久的生命力和竞争力。

大唐芙蓉园因能满足各类游赏者的体验需求，被称为“国人震撼，世界惊奇，不可不游的旅游胜地”。全园共划分出十四个景观文化表现区域，通过展现帝王文化、女性文化、诗歌文化、科举文化、茶文化、歌舞文化、饮食文化、民俗文化、外交文化、宗教文化、神童文化、大门特色文化、演艺文化等这些多元文化，融合归一来展现大唐文化全貌。

大唐芙蓉园在园区建设上十分注重文化的展示和参与性，在建筑设计、园林设计、小品景观设计等细节之处极尽大唐文化的风韵，始终以体现大唐盛世的灿烂文明为宗旨。众所周知，大唐芙蓉园的建筑，是中国园林及建筑艺术的集大成者，尤其是盛唐风格的皇家园林为世界所关注。园区仿唐建筑、景观都继承和发展了我国古典建筑、古典园林建设的艺术。园中的御宴宫、芳林苑、杏园、陆羽茶社等都是国内外公认的唐风建筑精品，园区内展示唐代艺术、科技、外交、宗教、妇女等文化主题的14个景区，“曲江流饮”、“银桥飞瀑”等神韵各异的12处园艺景观等，都再现了大唐胜景。园内所有的小品、景观都侧重展示大唐文化的内涵，如用唐代的烟灰缸放大做花盆，衣裳的饰边用于道路边的修饰，所有的路、墙、灯等都要突出对大唐文化的演义。这些项目从策划到实施，都是以对大唐文化和历史场景的演义为最佳切入点，借助于西安古都庞大而深远的历史文化根系进行延展和发扬。

《梦回大唐》成为芙蓉园的重大卖点和文化娱乐的金字招牌，是奉献给人们的丰盛的盛唐文化大餐。在娱乐演艺内容上，《梦回大唐》的场景主要在宫廷，有展现宫女舞艺的霓裳羽衣舞，有唐明皇击鼓检阅军队的大唐军威，等等，歌舞之中让每一个观赏者似乎穿越千年，梦回大唐；在娱乐设备上，《梦回大唐》节目的演出服装、剧场、灯光、音乐以及全球最大的水幕电影和水火景观表演等都全方位展现了盛唐社会风貌，让游客时刻感受着繁荣辉煌的盛唐文化。水幕电影《大唐追梦》更是不容错过的精彩娱乐节目。此外，还策划了一个又一个的精品主题文化活动，展现民俗技艺，如成立东仓鼓乐社，传承西安鼓乐，“市井平常事，最是热闹处”。

大唐芙蓉园的发展始终保持着自身的品牌的活力，为游客创造了“文化之魂、动感之美、精神之义、体验之旅”的价值理念。首先，在主题口号上，它提出了“打造国人震撼、世界惊奇、不可不游的历史文化旅游景区”的主题口号，力图将大唐芙蓉园品牌打造成为西安新的文化名片，力争让大唐芙蓉园成为一个全国性乃至世界性的知名品牌，这也为大唐芙蓉园品牌的长远发展奠定了坚实基础。在园区设计上，大唐芙蓉园跳出了一般历史文化旅游景区的概念，运用“走进历史，感受人文，体验生活”的设计理念，将大唐文化、休闲旅游、体验旅游的理念融入园区的规划中，为游客营造一个可赏、可感、可购、可学、可娱的文化气氛。在市场定位上，大唐芙蓉园明确以演义为主题，将“演义历史，快乐体验”作为品牌特性，从而满足作为市场主体的人群的知识性需要。在活动策划上，与强势媒体合作，打造具有影响力的高水平节庆活动。

适宜的区位是大型主题公园成功与否的关键因素，它包括宏观区位和微观区位两个方面。从宏观区位来看，首先，大唐芙蓉园地处西安市南郊文化区，距离市内景区较近，交通便利。其次，大唐芙蓉园一级，二级客源市场丰富，囊括了关中及陕南陕北主要大的地级市区，其中西安市区人口就超过

200 万,二级市场的人口也大大超过 200 万，远远超过了美国华盛顿的城市土地研究所所提出的大型主题公园客源市场要求。与其他依赖一、二级客源市场的主题公园不同，大唐芙蓉园由于其大唐文化的突出特色，三级客源市场潜力巨大。再次，鲜活的动态历史文化资源，对西安的传统旅游资源进行了有效补充，吸引着邻近省份和国内旅游市场乃至国际旅游市场。微观区位指主题公园在城市内部的具体位置。在这一方面，大唐芙蓉园地处城区雁塔区与郊区长安区的交接地带，地价相对比较便宜。交通方面，大唐芙蓉园正对繁华大街长安大街，处在交通要道上，可达性强。

第六章

文化创意体验社区（集聚区）

一、案例说明——北京“798”和宋庄

（一）北京“798”

北京 798 艺术区地处北京东北角朝阳区酒仙桥街道大山子地区，故又称“大山子艺术区”，位于原 798 联合厂等电子工业的厂区所在地，占地面积近 30 万平方米，建筑面积 20.37 万平方米。其中，20 世纪 50 年代时期建筑面积 97,229.19 平方米，锯齿形德国包豪斯风格建筑的建筑面积 19,834.45 平方米。其建筑主要由 20 世纪 50 年代前东德专家设计并建造，建筑的时代特征明显。

798 艺术区最初是由一群职业化自由艺术家集聚而成。从 2002 年开始，不同风格的艺术家纷纷聚集至此，798 逐渐成为中国最大的当代艺术的画廊集聚区，兼具时尚高档消费区、旅游区以及具有公共艺术教育功能的区域。2003 年，美国《时代》周刊将 798 艺术区评为全球最有文化标志性的 22 个城市艺术中心之一。同年，北京首度入选《新闻周刊》年度 12 大世界城市——因为 798 艺术区把一个废旧厂区变成了时尚社区。2006 年，798 艺术区被北京市政府列为首批 10 个文化创意产业聚集区之一，并被朝阳区政府列为首批文化创意产业聚集区。798 艺术区的发展，主要得益于城市的文化基础、建筑设施资源和城市功能。798 在 2003—2004 年经历了发展历程上的重要转折，

政府放弃了原"北京电子城"的规划[①]，将798艺术区作为文化产业园区保留了下来。此后798艺术区获得了长足的发展，一方面艺术功能不断强化，另一方面多元功能不断完善，形成北京市最具吸引力的旅游休闲区域之一，旅游休闲与文化创意产业全面融合，相互支撑发展。这里已成为中国当代艺术的重要集散地，成为国内外具有影响力的文化创意产业体验社区。

798的演化过程分为两个阶段，第一阶段是文化艺术功能的集聚与发展阶段，第二阶段是旅游休闲功能的融合发展阶段。

20世纪八九十年代，中国社会从工业社会到后工业社会转型，伴随这种转型，大批工业产业退出后而在都市遗留下废弃的工业厂房及空间，为新兴的文化信息等产业的大面积进驻创造了条件。1994年，位于王府井大街的中央美术学院因房地产开发置换搬迁。在于2001年进入望京校园之前，中央美术院的师生们在大山子北京电子器件二厂（798工厂的厂区之一）有六年的过渡教学时间，被称为"二厂时代"。1995年，中央美院雕塑系接受政府委托制作卢沟桥抗日战争纪念群雕，于是租用二厂街对面的706厂仓库用于制作大型雕塑作品《卢沟桥抗日群像》，从而开启了798从工业厂区走向艺术创意区的先河。在2000年前后，时任中央美院雕塑系主任隋建国和贾狄非、陈羚羊、彭禹、孙原等艺术家也因为这里安静，空间大，租金便宜而进入了厂区[②]。2002年，美国人罗伯特进入798艺术区，建立"八艺时区"，他在很短的时间里介绍了更多的艺术家来此落脚。至2003年上半年，艺术与商业机构增至近40个，艺术家工作室超过15个，共有艺术家、设计师、广告人、传媒人数百名。至此，798艺术区的规模初步显露。2003年6月，七星集团冻结了厂房的租赁计划，且下发通知：798已经被规划为"北京电子城"。2004年前后，在大量艺术家的争取之下，北京市政府经过全面考察研究和评估，最终将798艺术区作为文化产业园区保留了下来。

在第二个阶段，政府和民间机构共同努力，将798的艺术功能发挥到更高的层面，逐步成为北京市文化、旅游、休闲的一个特殊功能区。2004年4月至5月的一个月内，大山子艺术节吸引了80,000多人次前来访问，其中约

① 周岚．798"保卫战"－电子城到艺术区的华丽转身［D］．中国经济导报，2010：812.

② 吕澎．"798"的前世今生［J］．观察，2011（4）.

60% 为中国观众，40% 为境外观众，其中还有来自巴黎等国外各大城市当代艺术的代表，出现了北京当代艺术活动空前的规模，一些国内外文化机构和基金会等对艺术节进行了赞助，120 多家中外媒体报道了艺术节和在此处活跃着的艺术家及他们的作品，使 798 艺术区的影响越来越大。之后，798 艺术区的多元功能不断完善，大批的画廊、艺术机构大量入驻，同时商业化倾向开始出现，餐饮、商铺、书店、咖啡店等经营业态开始逐渐出现，并呈快速上升趋势，且商业化和旅游化的趋势不断加强。对 798 艺术区从 2003 年起至今各业态的变化情况作统计整理，见表 2–7：

表 2–7 798 艺术区 2003—2012 年各经营业态统计表①

时间	艺术家工作室	画廊	其他艺术机构（设计、广告、媒体、书店等）	餐饮类	商铺类	总计
2003年	18	6	10	2	2	38
2004年	38	11	16	5	5	75
2005年	40	19	31	6	7	103
2006年	51	87	39	12	14	203
2008年	43	120	48	20	14	245
2009年	25	168	36	38	64	297
2011年	7	147	51	39	143	387
2012年	30	150	250	40	200	670

截至 2016 年，798 艺术区内汇集了包括画廊、设计室、工作室等各类型机构近 500 家，包括来自 25 个国家和地区的近 50 家境外的艺术机构以及 73 家艺术家工作室和 170 家画廊，128 家创意设计单位，还有咖啡厅、创意店等辅助单位。园区每年共举办展览展示活动超过 2000 场次，每年接待来自国内

① 2003—2009年数据来源于中国艺术研究院刘明亮的博士学位论文：北京798艺术区：市场语境下的田野考察与追踪［D］. 2010. 2011 年数据来源于戎筱 . 自发性空间实践研究［D］. 清华大学建筑学硕士学位论文，2011. 2012 年数据来自 798 艺术区服务中心经营部，由于艺术区房屋租赁变化频繁，所以该数据均为大约数，并不十分精准，但基本符合当年业态比例情况，所以并不影响本文分析结果。

外的考察团和参观观众超过400万人次，来访人员中境外人士占30%~40%[①]。

798艺术区的业态比例变化较大。从2001年开始，来自北京周边和北京以外的艺术家开始集聚798厂，他们以艺术家独有的眼光发现了这里从事艺术工作的独特优势。他们充分利用原有厂房的风格，稍作装修和修饰，一变而成为富有特色的艺术展示和创作空间。这批入驻者中，包括设计、出版、展示、演出、艺术家工作室等文化行业，也包括精品家居、时装、酒吧、餐饮、蛋糕等服务性行业。在对原有的历史文化遗留进行保护的前提下，他们将原有的工业厂房进行了重新定义、设计和改造，带来了对建筑和生活方式的创造性的理解。这些空置厂房经他们改造后本身成为新的建筑作品，在历史文脉与发展范式之间，实用与审美之间与厂区的旧有建筑展开了生动的对话。艺术家和文化机构进驻后，成规模地租用和改造空置厂房，逐渐发展成为画廊、艺术中心、艺术家工作室、设计公司、餐饮酒吧等各种空间的聚合，引起了相当程度的关注。经由当代艺术、建筑空间、文化产业与历史文脉及城市生活环境的有机结合，798已经演化为一个文化概念，对各类专业人士及普通大众产生了强烈的吸引力，并在城市文化和生存空间的观念上产生了不小的影响。园区从2005年之前的以艺术家工作室为主，逐步转变为艺术家为园区的核心。从2006年开始，大量商业机构进入园区，各种力量对比开始出现变化，画廊数量超过艺术家工作室，成为园区的主导力量，798演变成为集当代艺术展示和销售功能为一体的园区，同时其他业态开始不断丰富，而且增长迅猛，使得园区的旅游休闲功能不断加强，到2016年，旅游休闲业态的商户数量已经超过艺术家工作室和画廊，使798艺术区成为北京的一个重要旅游景点。

如果将798和宋庄的基本业态分为三个类型，第一是文化创意生产类，如艺术家工作室，第二是旅游休闲类，如餐饮和商铺等，第三是介于其间的文化展示、交流和服务业态，是一种过渡业态。798艺术区逐步成为摄影、画廊、艺术书店、环境设计等文化创意空间汇集的聚集区。目前，798创意产业园区已成为我国典型的文化创意型旅游地，引起了国内外媒体和大众的广泛

① 数据来源于北京798文化创意产业投资股份有限公司统计。

关注，并已成为了北京都市文化的新地标。798 不仅是文化、艺术、创意的集聚，也是一种生活方式的创造和展示。一种生活方式，一种生存方式，不管是否在 798 工作和生活，不管是否懂得艺术，“798 生活方式”，本身就是一种体验。这里形成的文化将是地方资源的国际化，是个人理想的社会化。

798 强调原创，强调文化创意，其为每一位思想者提供了热土，它极具包容性，任何独特、独到、独立的创意都可以在这里得到滋养，成长。2009 年入驻 798 的创意蛋糕品牌 ebeecake，很好地体现了美味、艺术与文化的结合，丰富着 798 文化创意产业园区的文化内涵。ebeecake 带给游客的不仅是蛋糕纯正的味道，它还让人们在品味蛋糕时可以放松心情，得到极致的生活享受。如同 ebeecake 这样的创意店在 798 有很多，给人们提供了在艺术中感受平凡的生活，在文化中体会情感的美好的文化休闲活动，这也是 798 创意产业园区带给每一个人的创意感受。无论从产业集聚的角度，还是文化创意产业发展的角度来说，798 都是非常成功的典范。798 虽然具有产业集聚的优势，有丰富的创意型人才，但是，与此同时，过度商业化也给 798 的进一步发展带来了潜在的危机。

（二）宋庄

宋庄位于北京远郊通州区东北部，聚集了许多以绘画为主的艺术家，是一个以城市远郊村镇为空间载体的文化创意产业集聚区。1993 年开始，陆续有艺术家到宋庄镇小堡村租房。1995 年 10 月，北京圆明园画家村解散后，其中部分艺术家集体搬迁到小堡村。近年来，随着艺术家不断迁入宋庄，逐渐形成规模，宋庄开始被称为“画家村”，成为中国最大的一个原创艺术家的聚居群落。小堡村也因产生了一批在国际上享有一定的声誉的现代画家而享誉国际画坛，成为国内外画廊和经纪人十分关注的地方，并逐步由原来单纯的艺术家居住性聚集形式，发展为原创艺术家、画廊、批评家和经纪人等多元成分组成的艺术集聚区。2006 年，北京市政府正式将宋庄原创艺术集聚区列为首批十大文化创意产业集聚区之一，被称为中国原创艺术最大规模的集聚区。宋庄原创艺术集聚区是北京市唯一以“原创艺术”命名的集聚区，现已经成为世界著名的原创艺术集聚区。

宋庄的发展与演化也经历了大体两个阶段。在 2007 年之前，是宋庄文化创意产业集聚的阶段。1993年底，开始有艺术家来到宋庄，1995年，圆明园画家村解散，大部分艺术家迁到宋庄，至此，宋庄艺术家数量初具规模。2004年起，宋庄镇政府提出“文化造镇”，目标是打造“中国·宋庄”的文化品牌，专门成立了工程小组和办公室①，开启了政府主导扶持发展的新时期。2005年，首届宋庄艺术节开幕，引起社会广泛关注，宋庄逐渐由一个自发集聚的画家村变成一个文化创意产业园区。到2006年，在宋庄居住和创作的艺术家约有2000多人。2007年后，与艺术相关的商业业态和旅游休闲业态也开始向宋庄集聚。根据宋庄艺术区管委会统计数据显示，截止到2017年，在宋庄居住的画家人数已由2004年的300多人增长到现在的近5000多人，区域内包括大型美术馆14家、画廊113家、艺术家工作室4500多家、艺术工作区20个、文化相关制造企业50家、文化相关服务企业25家，另包含餐饮、酒店、超市等场所150个。每年慕名来宋庄参观的海内外游客多达50万人次。集聚区构筑了八大产业功能区：创意设计产业区、演艺传媒产业区、国际动画产业区、国际金融商务区、文化产业会展交易区、影视艺术创作合成产业区、艺术展馆区，商住开发区②。地方政府因势利导，规划了创意设计、演艺传媒、国际动画、国际金融商务、文化产业会展交易、影视艺术创作合成、艺术展馆，商住开发等八大功能区③，并开始大力发展赛马、高尔夫球、度假村、农业观光等旅游度假业态。

宋庄是一个以城市远郊村镇为空间载体的文化创意产业集聚区，已形成北京乃至中国规模最大、知名度最高的艺术家群落。其位于北京通州区东北部，西与朝阳区接壤，距CBD中央商务区30公里，北与顺义区为邻，距离首都机场26公里。发达、便捷的交通、京东经济发展的纽带地位、完整淳朴的人文生态环境和百花齐放的文化艺术资源，成为奠定中国宋庄崛起的基石。

城市文化背景、土地和空间资源和政府的推动等成为宋庄文化创意产业发展成功的主要因素。

目前，宋庄在政府实行的灵活推广政策发展下，已经成为中国最大的原

① 娄轩.创意产业之北京艺术群落研究[D].中央美术学院硕士学位论文，2008.

② 资料来源：宋庄管委会印制的宣传资料：中国宋庄。

③ 资料来源：宋庄管委会印制的宣传资料：中国宋庄。

创艺术家的聚居群落，丰富的历史文化底蕴和现代艺术传承创新兼而有之，形成国内规模领先的文化艺术产业基地，在国际上享有很高的知名度，文化创意氛围浓郁，即便如此，却因缺乏标志性的项目，未能形成完整的旅游消费链。当然，随着社会的发展和进步，人们的物质生活将会一步步得到提高，人们的精神需求将随着物质生活的提高而逐步得到提高，人们的艺术修养将会随着物质生活的改善而逐步培养起来，宋庄也将会有更广阔的市场前景。

二、演化过程分析

（一）演化过程

选取北京798和宋庄两个典型的文化创意产业集聚区案例，通过两个案例的对比，深入分析“文化创意产业”与“旅游产业”相融合的演化过程和机制。由于两个案例分属城区和郊区，其空间形态、市场结构、功能模式等均有差异，可以在对比研究中充分展示融合的共性和特性。尤其重要的是，798和宋庄均是由完全意义的文化创意产业生产功能逐步向旅游休闲功能演变的典型案例，而798显然由于历史和区位等因素，在融合演变进程中走得更远，旅游功能发育更加成熟。我们可以看到，很多798的现状特征可能成为宋庄的未来特征，通过两者的对比研究可在同一个时间断面上直接观察演化的过程特征。

798和宋庄两个案例明显处于融合进程中的不同阶段。由于历史和区位等原因，798旅游功能发育得更加成熟，已经成为该区域的主体功能，而宋庄的主体功能仍然为文化创意生产。今天798的部分形态、功能、问题将可能出现于未来的宋庄之中。通过对二者的对比观察，我们可以获得在同一时间横断面上观察纵向进程的特殊机会，这也是本研究的一个关键思路。

作为文化产业集聚区，798和宋庄均是北京乃至中国文化创意产业集聚区（艺术类）的典型代表，在发展过程中也都不同程度的衍生出了旅游功能，而且日益显著，成为在国内外颇有影响力的艺术旅游区。两个案例在从文化创意产业到旅游休闲功能演变发展的过程和机制上有很多相似之处，但也呈现出不同的模式和阶段差异。

从旅游接待规模上看，798 的旅游休闲功能显著强于宋庄。2016 年，798 艺术区每年接待游客超过 420 万人次[①]，宋庄每年接待游客量约 50 万人次[②]。

从业态结构上来看，798 已经发展为以艺术服务和销售及旅游休闲为主体的功能结构，而宋庄仍以原创艺术生产为主体，见图 2-2。

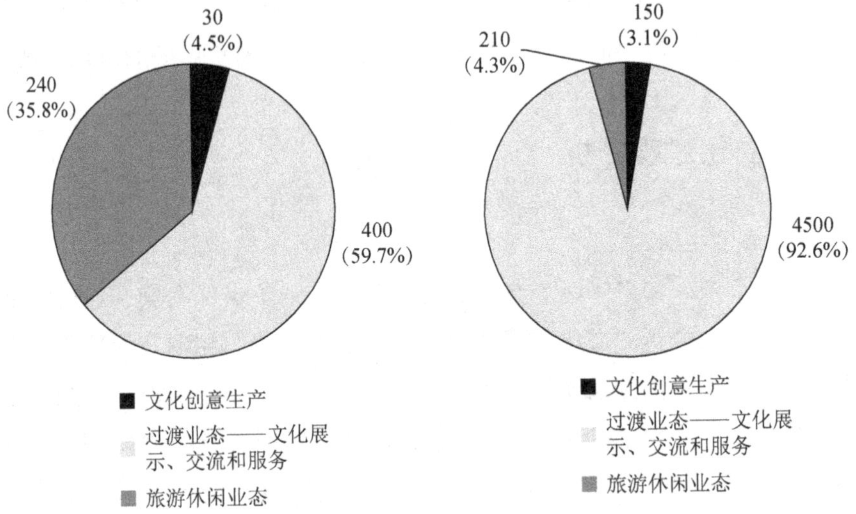

图 2-2　798 和宋庄艺术区 2012 年各经营业态比例图

从上图数据的对比来看，798 餐饮、休闲消费类所占的比例要高于画廊、艺术家工作室，说明 798 的商业化、旅游化程度要高于宋庄。两大创意园区的发展初期都是在圆明园画家村被取缔后开始的，宋庄开始于 1993 年，798 艺术区萌芽于 1995 年，基本在同一时间两大园区开始萌芽，但发展到今天，从旅游融合的程度来看，798 明显旅游化和商业化的程度要高于宋庄，其原因可以通过过程中的影响因素分析得出：

第一，两个集聚区都以艺术为主，但宋庄艺术家工作室是园区主体，以艺术家原创为主，因此宋庄定位为原创艺术集聚区，而 798 画廊数量明显超过艺术家工作室，因此定位为当代艺术的展示集聚区。第二，在创意阶层方

① 数据来源于北京 798 文化创意产业投资股份有限公司统计。

② 数据来源：对宋庄大宋旅行社的访谈。

面，798 近年来由于商业化的不断加剧，加之租金的提高，艺术家人数在逐渐减少。从旅游吸引物的角度看，两个集聚区的艺术氛围、艺术家工作室、创作空间等都是其主要的吸引物，不同的是，798 艺术区的独具特色是其包豪斯的建筑风格，大型的工业遗迹和艺术创作融为一体，形成了一个个性鲜明的艺术园区。而宋庄是处于村镇，艺术与乡村生活、农业活动融为一体，乡村旅游是宋庄旅游功能的重要特征。第三，由于区位不同，798 由于处于大都市城区，其文化艺术功能很容易向城市休闲功能演变，而宋庄处于城市郊外，距离抑制了一般的休闲需求。而 798 靠近 CBD、使馆区和美术学院，又赋予了它独特的人文资源环境，也满足了部分市场需求。第四，政府的介入和规划定位也很大程度影响这一演变进程。798 在艺术家们的不断努力和争取下取得了政府的支持，其经济功能和城市形象功能得到了政府的高度重视，随着大型节庆活动聚集了大量人气，基础设施也不断改善，区域商业价值和地租不断提升，进一步激发了业态演变，商业活动不断积聚，而原创艺术家则迫于成本压力不断迁出。宋庄镇政府则坚持文化定位，从 2004 年就提出“文化造镇”的口号，一直都致力于营造一个自由宽松的发展环境，并积极进行产业发展规划。依照《通州十二五规划》，通州区政府及相关部门要将宋庄文化创意产业集聚区打造成国际原创艺术的创作区、展示区、交易区。宋庄的区位条件和乡村环境基础也为原创艺术生产提供了低成本的土壤。为了抑制房租过快上涨，在 2007 年小堡村民代表大会就讨论通过决议，对村内出租房屋价格进行调控，具体包括“筹建总建筑面积 10,000 平方米的国防工事艺术区，可容纳 70 名艺术家，每平方米年租金 140 元，五年保持不变；转型企业出租房屋价格每平方米年租金不超过 200 元；成立流动人口管理办公室和村落闲置资产配置中心，为艺术家提供出租房屋信息来源①”。但是，在近几年的发展实践中，抑制住飞涨的房租、留住艺术创造家已成为宋庄艺术区升级转型的难点。

（二）旅游功能进化

北京市的 798 和宋庄两个文化创意产业集聚区的旅游功能发展大体上都存在从文化创意生产集聚到文化创意关联服务业发展再到旅游休闲多元功能

① 孔建华．北京宋庄原创艺术集聚区发展再研究［J］．北京社会科学，2008（2）：21-26.

发展三个阶段。第一个阶段中，区域的核心功能或业态为文化创意生产，如艺术家工作室。第二个阶段中，区域的核心功能或业态为文化创意关联服务，包括文化展示、交易、媒体等，在前述的旅游功能延展进程中，是一种过渡状态。第三个阶段中，区域的核心功能或业态为旅游休闲服务和商业，如餐饮、住宿和商铺等。798相对于宋庄而言，这种旅游功能的发展更加充分，三个阶段的分化特征更加显著，下面就798在三个阶段的发展做具体的说明。

第一阶段（2005年之前），文化创意生产集聚阶段。将798地区的各类机构划分为文化创意生产、过渡业态（文化创意关联服务）、旅游休闲三类，分析其机构绝对数量和比重结构，其中文化创意生产居于主导地位，过渡业态比重较小，旅游休闲业态几乎没有发育。在此阶段中，区域是一个完全意义的文化创意生产区。以2004年为例，798地区共有艺术家工作室18个，画廊6个，设计、广告、媒体、书店等相关艺术机构10个，餐饮类机构2个，商铺2个。三大类业态比重分别：文化创意生产占47.4%（18个）、过渡业态占42.1%（16个）、休闲旅游占10.5%（4个）。

第二阶段（2006—2008年），文化创意关联服务业发展阶段，也可称为过渡阶段。随着文化创意生产的聚集，相关服务业态迅速发展，文化创意产业的综合价值被开发出来，真正形成产业化发展格局，包括画廊、广告、媒体在内的相关服务业态机构数量迅速超过生产单位数量，同时聚集的产业人员和游客的需求也带动了旅游休闲业态的发展，而文化创意生产功能受到区域功能变化、商业化氛围提升和租金上涨等因素影响，受到一定的抑制。较小的艺术创作个体单位开始迁出。从绝对数量上看，2006年是798艺术创作机构聚集过程的拐点，数量开始逐步下降。以798地区2006年数据为例，区域艺术家工作室达到51家（最高点），画廊87个，设计、广告、媒体、书店等相关艺术机构39个，餐饮类机构12个，商铺14个。三大类业态比重分别为：文化创意生产占25.1%（51个）、休闲旅游占62.1%（126个）、过渡业态占12.8%（26个）。

第三阶段（2009年之后），旅游休闲多元功能发展阶段。随着区域品牌的形成和吸引力的扩大，旅游休闲客人大量到来，相关消费大大提高，刺激了旅游休闲业态的快速发展。2009年，798的餐饮和商铺类业态有十分显著的增加，到目前已经形成过渡业态和旅游休闲业态两大业态并重的格局，而文化创意生产业态的总体比重则进一步萎缩。以 798 地区 2012 年数据为例，区域艺术家工作室 30 个，画廊 150 个，设计、广告、媒体、书店等相关艺术机构 250 个，餐饮类机构 40 个，商铺 200 个。三大类业态比重分别为休闲旅游占 4.5%（30 个）、过渡业态占 59.7%（400 个）、文化创意生产 35.8%（240 个）。过渡业态中，文化艺术交流是其主体功能之一，其与旅游业的高度融合和相互支撑格局十分明显。798 已经成为北京的一个重要的国际化旅游景区。

再看 2012 年宋庄的数据，其三大类业态比重分别为 92.6%（4500 个），4.3%（210 个），3.1%（150 个），其结构接近于 798 的第一阶段，但由于其自身条件和外部约束不同，将不会完全按照 798 的发展脉络去演化，见表 2–8，图 2–3。

表 2–8　798 艺术区 2003—2012 年各类经营业态机构统计[①]

（单位：个）

时间	艺术家工作室	画廊	其他艺术机构（设计、广告、媒体、书店等）	餐饮类	商铺类	总计
2003年	18	6	10	2	2	38
2004年	38	11	16	5	5	75
2005年	40	19	31	6	7	103
2006年	51	87	39	12	14	203
2008年	43	120	48	20	14	245
2009年	25	168	36	38	64	331
2011年	7	147	51	39	143	387
2012年	30	150	250	40	200	670

① 2003 年—2009 年数据来源于中国艺术研究院刘明亮的博士学位论文：北京 798 艺术区：市场语境下的田野考察与追踪［D］. 2010. 2011 年数据来源于戎筱 . 自发性空间实践研究［D］. 清华大学建筑学硕士学位论文，2011. 2012 年数据采访自 798 艺术区服务中心经营部，由于艺术区房屋租赁变化频繁，所以该数据均为大约数，并不十分精准，但基本符合当年业态比例情况，所以并不影响本次分析结果 .

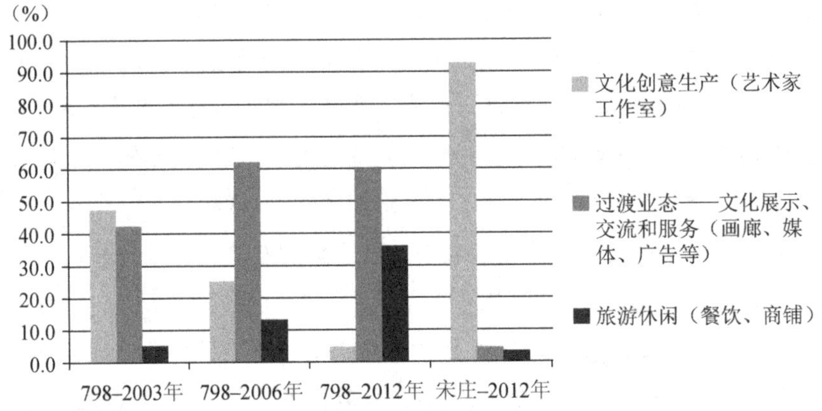

图 2–3　798 地区三类业态比重阶段对比及宋庄地区 2012 年情况

（三）影响因素与发展模式

文化创意产业集聚区的旅游功能发展的影响因素按照三个板块进行分析和对比研究①：供给板块、需求板块、外部条件板块。供给板块具体因素包括文化创意产业发展基础、旅游资源和吸引力、创意阶层和经营者、资本、土地等因素。文化创意产业发展基础方面，产业规模和影响力直接影响人员流动，区内的生产创作与展示、销售通常集中在一起，同时生产创作过程也具有旅游吸引功能。相关的节庆和会展活动也是推动两大产业融合的重要因素。创意阶层和经营者是主要的人力资源，富有文化创意精神的旅游业经营者，能够为游客创造具有高水平文化体验的产品，也成为从文化创意产业到旅游业转化的桥梁。资本和土地是文化创意产业生产活动开展的必要条件，大量的文化创意生产者在其产品获得较高市场价值之前的阶段，往往需要低价的土地、房屋和一定的资金支持，这类生产往往不带来直接经济收益，但确是支撑文化创意产业集聚区的基石。旅游资源包括了外部景观、景观建筑、工业和城市景观、农业和乡村景观、具有景观价值的文化创意产品以及丰富的参与性活动。需求板块具体包括市场规模、市场特征、区位条件等因素。文化创意旅游的市场具有一定特殊性，更加偏于休闲性、参与性、文化性，城

① 分析框架和主要影响因素的确定参考了：杨娇. 旅游产业与文化创意产业融合发展的研究［D］. 浙江工商大学硕士论文，2008

市居民市场和专业人群占据重要地位，其中专业人群起引领作用，城市居民市场起主体支撑作用。区位条件主要是与城市区的空间关系，对于休闲形式的游客而言，区位条件至关重要。外部条件板块包括政府和政策因素、环境、基础设施等因素。政府和政策因素主要包括区域定位和规划、政府提供的资金、土地、产业政策等资源以及在区域营销和组织节事活动等方面的努力。环境因素包括发展空间、生态与景观背景等，同时也兼具产业发展要素和吸引物的功能。基础设施包括交通、通信、公共生活服务设施等。交通的便捷性是旅游者聚集的重要因素。

798 首先成功地实现了文化创意产业的集聚化和品牌化，尤其是与文化创意生产相关联的大量展览、交易、传播等功能迅速发育，使园区具备了较强的国内外影响力和吸引力。其特殊的工业遗产和包豪斯建筑景观对游客具有较强的吸引力，大量的文化创意机构的景观建筑、雕塑类艺术产品等聚集在较小的空间内，营造了特别浓郁的艺术体验氛围，使 798 区域成为国内难得一见的景观空间。

798 位于北京，享有得天独厚的优势。北京作为国家首都和文化中心，文化市场和旅游业市场均有雄厚基础，城市文化活动活跃，居民文化素质普遍较高，文化消费意识明显。798 位于城市区内，与城市社区融为一体，交通便捷，人流量大，休闲消费水平很高。798 已成为城市功能区的一部分，作为高品位的休闲区已经深入人心。节庆和会展是推动区域两大产业融合的关键因素。798 艺术区每年持续举办大山子艺术节，成长为颇有影响力的国际文化艺术旅游节事活动。据 798 艺术区管委会统计，艺术区每年举办的各类展览、演出、时尚发布以及文化艺术活动的总量超过 2000 场次，几乎每天都有艺术家在做展览。这些活动使得 798 艺术区的影响力得到迅速提升，在专业人群的引领下聚集了大量的非专业游客。由于独特的地缘优势，798 的创意阶层和经营者众多，使得区域发展具有了源源不断的人力资源活力。在资金方面，798 的资源也相对充裕，获得了大量的国内外个人、机构和地方政府的支持。区域基础设施尤其是可利用的城市设施和服务十分完善，但土地资源的相对匮乏对区域发展造成了制约。随着北京地价和房价的快速提高，大量的艺术家被迫离开 798，对区域的长远发展造成了不利的影响。798 初期处于自发的发展状态，曾经经历过严重的发展危机，直到2004年以后，北京市政府部门才对区域发展形成较为明确的认识，并给予了巨大的支持。在798的发展历程中可以看出，政府的政策对产业的影响往往是决定性的。

宋庄在发展的时代背景、总体市场条件、创意阶层和经营者等方面与798很接近，但也由于一些特殊因素走出了与798不同的发展轨迹。宋庄承接了大多数的未成名的艺术家，使之成为中国最大的原创艺术生产基地。目前宋庄共聚集了5000多名艺术家，4500家艺术家工作室和上百家各类艺术机构。庞大的艺术生产和集聚功能也创造出了异常丰富多彩的人文景观，使之成为令人向往的艺术体验区。在节庆和会展方面，宋庄的活动更多，每年各类艺术展演、文化交流活动超过1000场次，但品牌性活动不及798。宋庄处于城市外围的乡镇地区，这一区位差别是宋庄有别于798的一个关键因素。尽管交通条件还算便利，但远离主城区的因素使大量城市休闲游客难以到达，这也是区政府着力打造度假类旅游项目的重要原因。乡镇区位为宋庄提供了开阔和绿色的景观环境，使之具备发展旅游度假的潜力，同时低廉的地价和房租为产业的长期集聚提供了重要条件，使之成为中国面积最大的一个艺术集聚区。还有一个与798显著不同的因素在于政府和政策层面。宋庄的发展得到了较为明确的区域定位和规划，较早地走上了政府主导的发展轨道。2004年宋庄镇政府便提出“文化造镇”，并专门成立了工程小组和办公室，为宋庄发展提供支持。2006年北京市将宋庄确定为“北京宋庄原创艺术集聚区”。2008年通州区政府成立了集聚区管委会，具体负责辖区范围内产业发展、开发建设和各项相关管理工作，并成立了集聚区投资开发有限公司，专门实施相关投资与建设。乡镇区位和政府主导的区域定位也共同塑造了宋庄目前的功能结构——强大的艺术生产为核心功能，关联产业和服务以及旅游休闲功能发育相对滞后，直接跨越一般休闲功能向度假和主题体验旅游发展。2017年，通州宋庄和蔚县宋家庄联手成立艺术特色小镇，打造文化产业高地，发挥聚群联动效益。

798和宋庄的发展过程中，受到不同因素的影响，就文化创意产业集聚区向旅游功能演化而言，798和宋庄分别发展出了不同的模式。总体上，可将798模式表述为城市功能区型、政府引导型、多元功能复合型、休闲型的文化创意旅游功能区，将宋庄模式表述为独立功能区型、政府主导型、核心功能支撑型、度假型的文化创意旅游功能区，见表 2–9。

表 2–9　文化创意产业集聚区旅游功能发展模式对比

	798模式	宋庄模式
区位和外部条件	城市功能区型：城市区内，休闲市场庞大，基础设施和城市功能完备，商业资源充裕，土地和房租昂贵，发展空间局促	独立功能区型：远离主城区，生产创作环境优越，土地和房租廉价，城市功能和服务较弱，生态环境良好，发展空间大
政府作用	政府引导型：自发集聚发展，政府因势利导	政府主导型：政府强力支持，明确区域定位和产业政策
功能结构	多元功能复合型：文化创意生产、服务和休闲旅游符合发展，效益高，多元业态融合，商业化氛围强烈	核心功能支撑型：以艺术生产为核心，其他产业发育相对滞后，商业化弱
旅游功能与形态	休闲型：面向城市居民，发展文化休闲，以餐饮等为主业态	度假型：发展度假和文化主题活动，以会议、住宿、主题园区等为主业态

三、基本结论

（一）演化规律及特征模式

从 798 和宋庄的案例分析可以发现，文化创意产业集聚区的旅游功能演化存在一定的过程规律，也存在一些特征模式。

（1）从文化创意向旅游功能演化的过程中，存在一个基本的模式，即业态依次从文化创意生产向文化创意展示、交流与服务，再到旅游休闲的三阶段业态演变。其中文化创意展示、交流与服务可以看作是一种过渡业态，它对于聚集人气、提升文化的产业功能具有重要意义。在从文化创意到旅游功能的演变过程中，三类业态分别占据主导地位。这可以作为演变阶段的某种辨识标志。

（2）功能演变过程中存在多因素的作用，也造成了演变的方向和特征差异。历史渊源、区位、创意阶层、政府作用等因素均发挥重要作用。布局于城市区的文化创意产业集聚区容易演变出休闲功能。城郊区位的低成本对于文化创意生产具有关键性影响。政府的支持和规划定位对于产业的聚集和演变也往往产生重大影响。

（3）文化创意产业集聚区演变出的旅游休闲功能一方面对原产业具有促进作用，另一方面也产生反作用。798 的案例表明，在发展初期，文化交流、展示、交易功能以及旅游者的到来，对于文化艺术生产具有促进作用，提高了社会的关注度和文化产品的商业价值，但之后租金成本上升以及安静的创作环境遭到破坏等因素反过来冲击和抑制了原创艺术的生产，导致 2006 年起 798 艺术家工作室的集聚到达拐点，艺术家们开始逐步撤出。

（二）存在的问题

798 和宋庄作为文化创意产业集聚区的两个典型案例，也是文化创意产业与旅游业融合发展的典型案例。因历史、区位、政府力量等因素的差异，两个案例发展出了不同的模式和特色。一方面，我们可以认为在这一方面，存在城市型和园区型（乡村型）两大类型的划分，它们向多元融合和原创生产两个方向发展。未来，798 应发挥其区位、交通和城市资源的优势，发展高端文化休闲产业，宋庄则应发挥生产能力、环境和土地资源等优势，发展文化艺术生产和高端旅游度假项目。另一方面，798 在发展阶段上要领先于宋庄，为宋庄的发展提供了研究参照，也提供了发展的经验与教训。第三方面，从一个更大的产业布局格局中来看，798 和宋庄可以作为北京的两个相互关联的功能区块，宋庄主要以生产为主要方向，798 主要是以销售为主要方向，相互支撑和互动，实现联合发展。以上问题均是未来的研究和实践中值得进一步探讨的重要问题。

（三）发展方向

（1）政府应切实做好引导和支持工作。政府的区域规划和产业政策制定对于相关产业和区域发展具有决定性影响。对于文化创意旅游这一新兴产业，应加紧研究，制定系统化的产业发展规划和政策体系。

（2）注意处理好多元复合发展与平衡关系。文化创意产业与旅游业具有强烈的关联性和融合性，能够相互促进和支撑。但在发展过程中还要注意业态的平衡和结构的合理，既要通过旅游的发展积聚人气、提升品牌、实现文化创意价值市场化、最大限度创造区域经济效益、社会效益和文化效益，又要注意遵循文化创意生产规律，维护产业发展的根基。

（3）应密切关注如 798 等艺术区的发展危机，在缜密调研的基础上制定切实可行的产业发展政策，保护创意阶层，支持创意生产，同时促进不同文化创意旅游区之间的功能匹配与分工合作。

（4）应密切关注基于科技进步和需求变化的新的文化创意产品的生产、研发、传播和市场化，培育具有长远生命力和国际竞争力的文化创意产业集聚区和旅游体验区。

第七章

文化主题酒店的发展

一、基本特征

主题酒店（Theme Hotel）崛起于20世纪末，它是在全球客源市场竞争加剧的背景下应运而生的。主题酒店在国外已有较长的历史，1958年，美国加州玛利亚客栈率先推出12个主题房间，后来发展到109间，成为美国最早、最具有代表性的主题酒店。美国大赌城拉斯维加斯是酒店之都，更是主题酒店之都。全世界16家最大的酒店，它占了15家，客房总量十万间以上，每家酒店都各有其特色。其他国家和地区也有一些主题酒店，如雅典的卫城酒店，以雅典卫城为主题；维也纳的公园酒店，以历史音乐为主题；印尼巴厘岛还建造了亚洲第一座摇滚音乐主题酒店。

我国的主题酒店发展始于20世纪90年代。1995年，以乒乓文化为主题的玉泉森信大酒店开业。1997年，鹤翔山庄被改建成了一家以道教文化为主题的酒店，客房101间。成立于20世纪80年代的成都京川宾馆，90年代由于管理滞后，经济效益下滑，自2002年底开始改造，建成了三国文化主题酒店，客房200多间。2002年，以威尼斯水城为主题的深圳威尼斯大酒店开业，拥有375间客房，该家酒店被认为是中国第一家兴建的真正意义上的主题酒店。近年来，我国主题酒店发展迅速，正逐渐成为中国酒店业的重要力量。

山东省和四川省是我国内地最早开始尝试主题酒店的省份。北京、陕西以其历史文化方面的优势，兴建了大批以历史文化为主题的酒店；沿海发达地区如广州、深圳以地理和经济方面的优势吸引大量外资，兴建起大批异域文化主题酒店。据调查，我国约70%的主题酒店分布在一线城市，一些历史悠久、文化底蕴深厚的二、三线城市利用自身优势推出以陶瓷、京剧、茶为主题的主题酒店。

主题酒店主要通过选定的主题素材，采用文化融合的方式，以创造一个或多个文化主题为标志，从硬件（建筑、装饰、产品等有形方面）到软件（氛围的营造、服务等无形方面）都围绕主题展开，带给顾客有价值的、难忘的体验的酒店。其最大特点是，将某种文化主题与现代酒店产品有机融合，并渗透到酒店的整个价值链中，使酒店的产品、服务、环境、造型以及生产经营活动等都充分体现文化主题，始终使主题成为顾客容易识别的酒店特征和产生消费行为的刺激物。从这个意义上说，主题酒店并不仅仅是一个提供住宿的场所，而应当是富有文化内涵的旅游产品，蕴含丰富的主题文化特色，集独特性、文化性和体验性为一体。主题是主题酒店的灵魂，主题的本质是文化，使其区别于一般酒店的所在，主题展示的目的就在于确保顾客能够在酒店内外感受到主题文化并愿意为之付费，有效实现文化资源到文化资本的转化。此外，根据其主题来源，主要可分为自然风光主题酒店、历史文化主题酒店、城市特色主题酒店、名人文化主题酒店、艺术特色主题酒店等；按照主题表现手法，可分为写实型、写意型和怪诞型；按主题化程度，可分为完全化主题酒店、泛化主题酒店、局域化主题酒店、轻微化主题酒店，等等。

主题酒店的特色表现为“双高特色”，即高收益和高风险并存。由于主题的差异性非常明显，酒店可借助差异优势掌握定价的主动权，培养顾客忠诚度，使酒店不至于像其他酒店一样为价格的被动接受者。主题色彩越鲜明，意味着这种产品满足某类顾客特殊偏好的效用就越强，顾客对这类产品就越忠诚，其他产品对该产品的替代性就越小。但是，高利润、高风险往往也随之而来。首先，主题酒店是建立在市场高度细分的基础上，它的目标服务对象是对该主题有特殊偏好的顾客，其次，为突出酒店主题，往往需要在深度上做深层次开发和设计，形成一个完整的主题套餐。其三，由于酒店产品具有非专利性的特点，竞争对手进入壁垒非常小，一旦经过辛苦摸索的经营之道得到市场的认可，受高额利润的诱惑，竞争对手往往会蜂拥而至，造成主题的快速“一般化”而流于平庸。这些都使得主题酒店具有高风险的特性。

从主题产品、主题传递、主题环境三个维度对主题酒店的相关设施进行如下分类：

在主题产品维度，主要包括酒店主题客房产品、主题餐饮产品、主题休闲产品、主题商品、主题展示馆、主题活动等六项的服务设施。主题客房产品包括三项，主题餐饮产品包括两项，其余项目均包含一项。

在主题传递维度，主要从主题内容、主题员工、主题服务三个方面进行分类。内容主要包括主题内容的积极性、主题内容与周围环境的协调性、主题内容的独特性、主题内容表现的创意性四个方面。主题员工主要包括员工的仪容仪表、员工的言谈举止、员工主题文化传递能力三个指标。主题服务主要包括酒店迎送仪式、客房服务、餐饮服务、购物服务、休闲娱乐服务、主题展示馆服务六个指标。

在主题环境维度，主要从酒店外部环境、主题文化标志、酒店内部环境三个方面进行分类。对于酒店外部环境，主要有酒店建筑外观、酒店外部景观、酒店外部导引指示三个指标。对于酒店内部环境，主要有大堂环境、客房环境、餐厅环境、休闲娱乐环境、购物环境、主题展示馆环境、酒店内部导引指示七个指标。

见表 2-10。

表 2-10　主题酒店相关设施分类

量表	维度	量表题项
主题产品	主题客房	1.体现主题文化的客房家具
		2.体现主题文化的客房用品
		3.体现主题文化的客房卫生间用具

续表

量表	维度	量表题项
主题产品	主题餐饮	4.体现主题文化的餐饮食品
		5.体现主题文化的餐饮用具
	主题休闲	6.体现主题文化的休闲娱乐项目
	主题商品	7.体现主题文化的可购买商品
	主题展馆	8.体现主题文化的主题展馆
	主题活动	9.体现主题文化的主题活动
主题传递	主题内容	1.主题内容积极向上
		2.主题内容与周边环境协调
		3.主题内容具有独特性
		4.主题内容的展示具有创意性
	主题员工	5.员工仪容仪表体现主题文化
		6.员工言谈举止体现主题文化
		7.员工传递主体文化的能力
	主题服务	8.体现主题文化的迎送仪式
		9.体现主题文化的客房服务
		10.体现主题文化的餐饮服务
		11.体现主题文化的购物服务
		12.体现主题文化的休闲娱乐服务
		13.体现主题文化的主题展示服务

续表

量表	维度	量表题项
主题环境	外部环境	1.酒店建筑外观体现主题文化
		2.酒店外部景观体现主题文化
		3.酒店外部导引指示体现主题文化
	内部环境	4.具有明显的主题文化标志
		5.大堂环境体现主题文化
		6.客房环境体现主题文化
		7.餐厅环境体现主题文化
		8.休闲娱乐环境体现主题文化
		9.购物环境体现主题文化
		10.主题展馆氛围体现主题文化
		11.酒店内部导引指示体现主题文化

二、基本开发模式

（一）主题选择

主题产生的方式多种多样，可以根据当地的文脉确定，比如曲阜的阙里宾舍；可以通过引进异域文化来确定，比如深圳威尼斯大酒店；可以以某种自然环境，比如海景、热带雨林、雪山等作为主题；也可以根据故事或传说，甚至创造的情景来确定主题，比如南非迷城。只要能够摆脱习惯思维，以独特的视角观察思考问题，自然能产生出构思新奇、与众不同的主题。

确定酒店主题时需要注意：1）由需求导向出发选择主题。2）主题要与所在城市的形象和文脉内涵相协调。3）避免与竞争对手定位相似的主题。4）主题与酒店要有适应性。5）主题应避免陷入俗套、新颖独特是主题酒店成功的第一步，但一个成功的主题酒店不是仅仅创造出一个概念那么简单，要使主题名副其实，就要深入研究主题文化、设计主题元素并将其融入主题展示的软、硬件中。

主题的展示。主题酒店要做出特色，从一开始就要注重主题的展示，从设计、建造、装修到经营、管理、服务都要尊重酒店独特的主题、突出酒店文化、树立酒店在行业中的鲜明形象。要围绕酒店的主题文化挖掘文化内涵、将各主题元素融入酒店的建筑设计、环境装饰、经营空间等硬件以及服务过程、管理系统等软件之中。并且要通过色彩、文字、气味、图像、音乐等主题元素的组合，以及装饰的艺术化处理，创造艺术化的审美空间、形成凝聚于主题文化的酒店形象，带给顾客一种全方位的主题文化体验。作为一个真正意义上的主题酒店，必须在各个功能层面上都体现出主题文化，而不是在某一方面或某几方面。在准确领悟、深度挖掘主题文化的基础上，将主题文化贯穿于酒店所有的环境氛围、物质产品和服务中，从而形成一整套的顾客体验系统。主题酒店主要通过外部的建筑造型，内部的装饰和环境，与主题一致的服务和产品，丰富多彩的主题活动和主题营销等几个方面来进行主题展示。

（二）产品设计开发

酒店设施主要包括酒店的客房、餐饮、康乐以及公共区域等场所的设施，与无形服务一起构筑了酒店产品。在酒店产品同质化的背景下，某酒店要想形成竞争优势，就必须使产品在适合社会功能需求和具有饭店共性的基础上带有明显的个性。对于主题酒店而言，这种个性来源于产品的主题化。产品主题化是酒店主题展示的一个核心环节。主题酒店必须使主题文化贯穿于主题酒店的各个功能区域，将主题文化融入客房、餐饮、娱乐、休闲活动等，形成与主题风格和谐一致的主题客房、体现主题风格的主题餐厅、传递主题文化的娱乐场所设施等，提供深具文化主题内涵的酒店产品。

客房主题化。客房是酒店最重要的功能区，在设施设备的配置上应尽可能地向主题靠拢，色彩也应和谐搭配。在客用品方面，既要讲求质量、规格与舒适度，同时也应着力体现主题个性。力争让宾客进入酒店后在感官效果上所看到的、听到的、用到的和外观设计一致，这样才会使其觉得酒店表里如一，酒店的主题才会得以强化。大禹·开元酒店根据原有民居的风格，针对每一个房间设计出不同的样式。房内家具设计以中式风格为主，以暗红色为主色调，用传统的硬木材料、手法和明清样式制作。其他设备物品以内敛沉稳的古意中国为设计出发点，同时运用现代造型设计理念，兼具古典与现代的神韵。另外每间客房都有书画作品，部分客房还设有文化墙。这主要是强调其精神功能和文化审美价值，渲染了主题氛围。

餐饮主题化。酒店可以在主题餐厅中设有适应功能需要的各种餐饮服务区域，各餐饮服务场所的命名应与酒店的主题定位相关联，设施用品和装饰物也要与主题契合，标示标牌设计要美观、典雅、易于识别。大禹·开元酒店在餐厅名字的选取上，就颇为考究，有“禹家小厨”，“稽山阁”和以宛委、石帆、赤堇、法华、望秦、兰渚、鹿池、少微、射的命名的9个包厢，还有“禹会茶楼”、“于越楼”、“籣园”、“璟园”等休闲餐饮场所。命名紧扣酒店次主题，使得绍兴地域文化、大禹及后裔家族文化在酒店设施上得到体现。

主题酒店还应注重区域美食产品的开发，为宾客提供“色、香、味、形、器、质、名、养”八种元素齐具的主题菜肴，并积极开展主题餐饮活动，这是实现餐饮主题化的基本手段。大禹·开元酒店菜品里的“大禹小炒皇”、“禹家八味碟”、“油炸臭豆腐”、“绍式蒸三臭”、“越式蒸龙虾”和“花雕红花蟹”等，就显现了绍兴特色饮食文化。主题餐饮的生命力就在于通过丰富多彩的活动、不断创新的产品形式展现主题特色。通过形态美与质地美和谐统一，实体美与意境美与主题文化的有机交融，使顾客在享用美食过程中获得身心上的双重体验和满足。

Pine & Gilmore 提出体验设计的五大原则：①体验主题化，要求做到主题独特，主题和谐一致，主题鲜明而富有吸引力；②使正面线索和印象达到和谐；③消除负面的线索；④提供纪念品；⑤调动五大感观。两位学者还强调体验产品必须遵循市场规律，并要不断创新，才能够获得长久的成功。主题酒店是体验经济思想在酒店业的运用，是体验产品的一个表现形式，它是体验型酒店产品。Pine & Gilmore 在《基于体验的接待业运营差异化》一文中对酒店集团公司如何运用主题进行了探索，但对于具体某个酒店如何通过主题的引入来进行体验产品的设计，却没有深入研究。王佳欣、王妙指出，体验经济时代酒店产品设计的原则应该是：①强调产品的独特性；②明确突出主题；③强调顾客的参与；④更需要戏剧表演法的应用；⑤量身定制酒店的产品和服务。武传表指出，体验型酒店的实施策略为：①业务主题化；②员工演员化；③宾客主人化；④环境舞台化。戴维奇、林巧在 Pine & Gilmore 体验产品设计理念的启发下，也提出了体验型饭店开发设计的基本策略：①将功能区域作为收费单元来设计；②构建顾客参与性设施；③广泛运用主题；④照顾好顾客的感官。王佳欣认为，基于顾客体验的酒店品牌建设应遵循五大原则：①注重顾客体验的开发和设计；②突出产品体验的独特性；③明确并突出体验主题；④量身定做饭店的产品和服务；⑤品牌内部化。综上所述，体验型（主题酒店）产品设计原则可以归结为 6 点：①主题化。主题化可以分不同的层次进行，可以是整个酒店，也可以是局部主题化，如主题客房、主题餐厅等；可以是围绕一个主题，也可以运用多个和谐一致的主题；②体验环境的依托性。体验设计应使体验环境对体验具有支持和烘托作用，使得体验者能很快进入角色，进行角色扮演；③参与性。体验是个体性的，只有通过体验者的亲身参与，才能转换为内在的个人回忆；④体验升级。即体验设计必须能够不断更新；⑤感官刺激。当体验者进入角色后，需要通过感官刺激给体验者留下一个深刻难忘的印象；⑥体验提示。完美的体验需要一些有形的证据，换句话说体验需要留一点实在的东西，让体验者日后能够“睹物思店”。

（三）经营模式

主题酒店要以提高客房出租率，最终提高酒店收入为目标。例如广州长隆酒店，它是我国唯一一家坐落于野生动物旅游景区的生态园林式主题酒店。长隆最初就是定位在度假休闲市场，但经营一段时间后发现，度假休闲市场只在节假日、周末需求才比较旺，造成平时客房出租率不高的现象。后来调整定位，针对酒店内有完善的多功能厅、会议厅的设施市场定位，向商务、会议方向倾斜，现在的经营状况非常好。旺季如 7、8、9 月份的客房出租率是 100%，淡季的客房出租率也是在 70% 以上，且平均房价在广州地区五星级酒店中位居第一。长隆的成功经验充分证明市场定位是要从客源实际和自身条件出发，根据收益管理的原理，要根据市场需求状况，在适当的时间按适当的价格向适当的顾客销售适当数量的产品和服务，以便最大限度地提高企业的营业收入。

主题酒店要做出特色，必然需要良好的规划和相应的投资。从设计、建设、装修到管理经营、服务都注重酒店独特的主题内涵，突出酒店的文化品位，形成酒店的个性，从而在市场上形成独特鲜明的主题形象。在设计规划方面，正如上海虹桥万豪大酒店总经理 Mr. Robert J. Lohrman 所说，“最好采取中外设计师合作的方式”。这样，既能够让中国的酒店吸收到国际上先进的理念，根据中国文化背景和实际理念，根据中国文化背景和实际情况，充分体现中国的特色。在主题酒店日常活动中，主题设施的维护也是代价高昂的。长隆酒店由于大型动物标本维护、活体动物饲养费用高，运作成本在日均 20 万元人民币以上。

主题酒店的个性在于在某一主题下营造相应的环境，能给客人留下深刻印象和与众不同的住店经历。酒店主题可以选自小说、电影、名人、学科等领域，五花八门，无所不可。在某一主题之下，装修、用具、服装及背景音乐应与之相适应，其间还可以穿插配合的小场景助兴。在独具匠心的环境中，在鲜明的文化主题之下，饭店可组织与之相关的专题活动，可向客人提供服装、道具（出租或出售），并提供基本脚本，假如客人充当演员，而饭店职工就是基本演员，在他们的组织和秘而不宣的导演下，剧情可自然发展、有声有色。只要是处于主题活动下，其宽松程度应超出愚人节、万圣节的总和。在店方的策划下，客人们成为宴席中的新娘、新郎、海盗、大侠，成为古今中外文学剧本中的特定角色。整个活动进行录像制作，事后提供给参与的客人。客人在参与中显示了自己的表演才华，体验了独特的人生经历，这种难忘的酒店生活必然吸引许多客人。

主题酒店的中心词是“酒店”，既是酒店，那么提供服务功能永远是第一位的，而且作为通过文化附加值来提升房价、增加营收的酒店，客人对服务功能的完善和高质量必然有着更高的心理预期。“简单就是伟大，朴素就是美丽”，这两句至理名言在建设主题酒店时同样有用。同时，对于客人而言，他们并不是特意冲着文化而住店的，而且对文化的了解大多也停留在浅层次的表面，因此，要使他们对主题文化产生深刻印象，首先是通过视觉和听觉（视觉为主）的强烈冲击，也就是眼球和耳朵的注意力。然后，客人可以在文化的海洋中徜徉，从精神上享受特定文化的魅力。但所有这些精神上无形体验的一切，最终还是要回归到客房的舒适、设施的完善、起居的便利、服务的到位这些细节中来。

三、问题和趋势

应避免对主题过分看重和依赖。主题确实能给酒店带来特色，进而带来效益。而这个由主题带来的效益，从根本上来说，是由特色形成的投资优势。投资主题酒店，建成后产品投入市场，就创造了天然优势，因为带有这个主题的酒店产品本身在市场中无人或很少人竞争，能给酒店的经营带来一个较好的开端。然而，主题的天然优势是可以被模仿的，其投资壁垒并不高。主题不能成为酒店的核心竞争力，核心竞争力仍然是由品牌运作、市场运作、内部管理等常规方面所组成。在投资和经营的过程中，都要对这一点有清醒的认识，以免导致决策、管理的失误。

慎重投资建设。主题酒店作为中国酒店未来的发展方向之一，目前有着很大的生存空间。中国现在成形的大型主题酒店——广州长隆酒店，深圳威尼斯酒店，上海太阳岛国际高尔夫温泉俱乐部酒店，分别是建设在酒店林立，特别是高级豪华酒店集中的广州、深圳和上海，它们的经营状况还是非常喜人的。在中国，最需要注意的还是不要一拥而上，盲目建设。中国的商业投资容易出现跟风的情况，看到哪个行业哪个项目眼前形势好，就竞相投资建设。例如，杭州“梦幻城堡”的流产为我们提供了最好的前车之鉴。

市场细分要适度。主题酒店形成文化主题，并非绝对化地排斥其他客源。刚步入小康的中国，对主题的需求还不那么执着和细致，尤其是有一定规模的饭店，一主几辅，以主题吸引主要客源，同时适当渗入、拓展若干个其他细分市场仍有必要。鉴此，一些基本的、有较广泛市场覆盖面的产品和服务，仍应保留，并重视其质量。

应考虑环境协调性。酒店作为城市的一类特殊的建筑，是一道城市风景，是一处城市文化，是一个城市成员，酒店形象本身就是城市形象的一部分，所以酒店在进行主题选择时，必须考虑到与城市景观相协调，与城市文化相协调，与城市形象相互促进。

应避免主题定位相似。主题酒店的经营应实施差异化战略，所以在主题选择上首先应该独特新颖，这种独特新颖应该是从顾客角度出发，能带给顾客独特的体验感受。这就要求密切关注竞争对手，避免主题相似。如果竞争对手的主题定位已经很成功，那么在进行酒店主题定位上就应该尽量避开，并且尽量做到相互补充，这样既不会引起竞争者敌视，还可以创造彼此联合发展的机会，建立良好的竞争环境，拉斯维加斯的各个主题酒店在这点上表现就十分突出。另外，现代企业在经营过程中都讲究核心竞争力，而核心竞争力的一大特点是具有不可模仿性，主题酒店的投资高，功能性退出的壁垒高，所以主题酒店在主题概念建设方面必须具备一定的不可进入性，防止被竞争对手模仿，导致竞争优势被破坏。国内常出现一窝蜂的现象，在主题酒店的主题选择时应尽量避免。这点我们也可以借鉴“主题酒店之都”——拉斯维加斯的一些成功经验。拉斯维加斯主题酒店的主题多种多样，有城市的、故事的、自然风光的。同时主题独特新颖、具有一定的顾客认同度，不管是纽约酒店、巴黎酒店、威尼斯酒店，还是神剑酒店、阿拉丁酒店，其主题都具有相当的吸引力。这些主题酒店的主题丰富多彩，并且又以赌场为共性形成规模效应，彼此衬托，成为一个主题酒店产业群，使得顾客体验更为丰富。

对于顾客来说，入住主题酒店的其中一个目的就是逃避现实生活的纷纷扰扰，获得心灵的净化与回归，所以对于顾客在生活中的角色不要过分强调，让顾客能暂时忘记现实中的繁忙和烦恼。

第八章

文化创意旅游活动的发展

一、节事旅游活动的基本概念和特征

节事活动是具有浓郁的文化韵味和地方特色的节庆、事件等精心策划的各种活动的简称。节事活动的形式包括精心策划和举办的特定的仪式、演讲、表演、节庆、各种节假日、传统节日以及新时期创新的节日和事件活动以此来达到节日庆祝、文化娱乐以及市场营销的目的，最终提高举办地的知名度，树立良好的形象、促进当地旅游业发展以及带动区域经济发展。

节事活动编排严谨、环环相扣、切合主题，以生动活泼具有亲和力的特点使得参与者通过节事活动达到休闲娱乐的目的。它不仅仅是一种文化现象，也是一种经济载体。

节事旅游属于节事活动的一个范畴，节事旅游以节事活动为旅游吸引物，以城市为依托，是以满足旅游者节事情怀和相关团体利益而展开的一种选择性的旅游活动。节事旅游是必须具备富有吸引力的节事活动、以城市软硬件为依托、具有经济效益以及注重社会、经济、环境协调发展的绿色旅游活动形式。

旅游节事活动具有文化性、时间性、地域和资源的依托性以及规模性这些特性。旅游节事活动是以表现历史和文化为特性来吸引游客参与的，旅游节事活动作为一种地方形象和传统文化的表现手段，其举行时间是相对固定的。另外，旅游节事活动必须依托地域和资源特色，只有这样才能产生较强的旅游吸引力。旅游节事活动反映了节事举办地独一无二的城市特征，一般大规模的旅游节事活动会带来大规模的游客流量。

文化创意旅游节事活动是以文化创意为吸引物，以市场为导向，重视游客需求，鼓励游客积极参与的文化旅游的高级形态。文化创意旅游节事活动根植于地方文化，但不局限于当地的传统节日，而是整合当地资源进行内容创新，以多样新颖的表现方式和创新的营销方式进行的节事活动。在此过程中，注重游客体验以及与游客的互动性，通过创意型的旅游节事活动给游客带来新体验、新感受，吸引游客，带动旅游业的发展。

二、节事旅游活动的基本类型

文化创意型旅游节事活动是在节事活动的基础上发展而来的，主要可以分为以下几类①：

自然景观型：以当地的自然景观（例如独特的气象、地质地貌、典型地标等）为依托，综合展示城市的风土人情、社会风貌等的节事活动。例如哈尔滨国际冰雪节和张家界国际森林节。

历史文化型：以当地的文脉和历史传承的景观、独特地域文化和宗教活动等为依托，综合展开的节事活动。例如杭州运河文化节、曲阜国际孔子文化节和天水伏羲文化节。

民俗风情型：以各民族独特的民俗风情和生活方式为依托，包括民族艺术、风情习俗和康体运动等，综合展开的节事活动。例如南宁国际民歌艺术节、中国潍坊国际风筝节和傣族泼水节。

餐饮型：以地方特色商品、地方特产和地方餐饮文化为依托，辅以其他相关表演参观等，综合展开的节事活动。例如青岛国际啤酒节、大连国际服装节和菏泽国际牡丹节。

---

① 余青，吴必虎，殷平，童碧沙，廉华. 中国城市节事活动的开发与管理［J］. 2004. 11（23，6）：845-855.

博览会展型：以城市优越经济地理条件为依托，辅以其他相关表演参观，综合展开博览会、交易会等节事活动。例如北京园博会、中国国内旅游交易会和昆明世界园艺博览会。

运动休闲型：以各种大型体育赛事、经济活动为依托，辅以其他相关表演参观，综合展开的节事活动。例如奥运会、亚运会和泰山国际登山节。

娱乐游憩型：以现代娱乐文化和休闲游憩活动为依托，辅以其他相关表演参观，综合展开的节事活动。例如上海欢乐节、上海环球嘉年华和广东欢乐节。

综合型：包括多种主题，内容综合、规模较大、投入较多、效益较好，同时节期较长。例如北京国际旅游文化节，上海旅游节和中国昆明国际旅游节。

运作模式方面，合理有效的文化创意旅游节事活动运作模式是保证可持续发展、吸引游客、带动区域旅游发展的关键。学者余青、吴必虎等指出，其运作模式主要可以分为四种类型：一级政府主办模式，主要指市政府；政府内行政部门、地区联合主办，例如旅游局；政府引导下企业承办；完全市场运作模式。大多文化创意旅游节事活动都采用政府引导下企业承办。

政府包办主要是在小城镇举办的节事活动中采用较多，创意文化节事活动的一系列场地、策划、指导、时间等都由政府来安排，从而会给政府财政带来极大的负担，并且活动效果也不尽如人意，给城市、社会带来的经济效益与社会效益也有限。

政府行政部门、地区联合主办具有一些政府包办的特点，但不断加入了市场化运作的成分。例如北京举办的园博会，由各地方政府部门出资建造代表各地方特色的园区，从而减轻了中央政府的财政负担。又如桐庐、富春江山水节，调动群众参与、全民办节，政府企业联合，使山水节成为提升当地旅游业的重要部分。

政府引导，企业承办是指政府拟定文化创意旅游节事活动的主题，而后对外宣传，充分调动社会各个层面来办节事活动，最后将冠名权、赞助商、广告宣传等交给企事业单位。现在很多著名的节事活动都是采取这种方式，例如青岛国际啤酒节、南宁国际民歌节和中国潍坊风筝节，等等。

而完全市场运作模式就是根据市场的需求来举办文化创意旅游节事活动，将节事活动纳入市场经济轨道，避免政府行政方面的介入，以此来获得社会和经济效益。完全市场化模式是今后文化创意旅游节事活动的发展方向。

文化创意旅游节事活动是城市形象塑造，城市旅游发展等的需求。首先需要明确城市的定位，在此基础上进行文化创意旅游节事活动前期的设计与策划、活动的包装与推广、活动氛围和环境的营造，以此来吸引游客。而后是文化创意旅游节事活动中提供良好的服务与管理。最后是对于整个文化创意旅游节事活动的评估，并将此评估反馈到下一环节的城市定位中去，形成一个完整的闭环。

三、案例分析

（一）浙江象山开渔节

浙江象山开渔节创办于 1998 年，至今已经历时十八届，被评为“中国十大品牌节庆”。象山位于浙江省沿海中部，历来是东海渔场主要渔货交易市场，现为全国六大中心渔港之一。我国对沿海主要渔区实行休渔制度，5 月中旬到 9 月中旬在东海公海区块实行休渔期，在休渔期结束之后，渔民便可以进行捕鱼作业。在当时，象山县的旅游业发展几乎为零。而象山县独特的地理特征使得象山县形成了自己的独特捕鱼文化，每年 9 月 15 日的休渔期结束之后，渔民就会组织去公海捕鱼。出海时间过早或过晚都不行——过早就违反了法律规定，过晚头网鱼会被别人捕走，因此渔船基本都是同一时间出海，再加上亲人们为捕鱼者献酒壮行，因此开渔的场面就非常壮观，久而久之便形成了一种独特的风俗文化。

在此基础上，象山县便筹办策划了文化创意型节事活动——开渔节，以当地独特的文化习俗为基础，在不断发展中进行着主题形象的创新、策划的创新、运作机制的创新和宣传促销的创新。从以开渔为主题到以海洋文化为主题，再到将地方特色与国际影响相结合，增加环球皇后竞选等的理念创意。同时在活动项目上也从刚开始的“开渔仪式”和“祭海仪式”增加到整合了散落在渔区、海岛、渔民生活中的传统文化编排的渔歌、渔舞、渔灯以及渔家号子，等等，突显和发展了独特海洋文化。使游客获得海洋文化的直接体验。除此之外，开渔节也进行了运作模式的创新，从刚开始的由政府举办转变为政府主导、企业运作，最后走上市场化运作的轨道，逐步规范化、国际化。在宣传促销方面，也从原来的电视、报纸、广播等传统媒体扩展到网络、手机等新媒体。

开渔节的创立本身就是一个文化创意，它的举办对当地的旅游业发展产生了深远的影响，迅速提升了象山县的形象和知名度，打破了旅游业发展几乎为零的状况，而后随着度假区和黄金海岸等旅游项目的建设，象山县的旅游人数以每年 50% 的速度快速增长，开渔节成为象山经济和旅游业的强力助推器，每年吸引着来自全国各地的数十万游客。

（二）平遥国际摄影节

平遥古城是中国历史文化名城，位于山西，山西是华夏文明的重要发祥地之一，被誉为“中国古代建筑博物馆”。平遥是唯一一座列入世界文化遗产的中国汉族古城，至今已有近三千年的历史，基本保持明初城墙建筑的原貌。其旅游资源特别是人文旅游资源潜力巨大，但是长期以来开发乏力。2001 年，平遥在中国国家文化部、山西省委和省政府的支持下，将摄影这一现代艺术与平遥古城相结合。创办了文化创意旅游节事活动——平遥国际摄影节。16 年来，不断对这个视觉打造的平遥古城深层次挖掘，利用平遥古城墙进行影展的布展。

平遥古城的文化内涵独特，将之与现代摄影技术交互融合，保持近三千年来古城的古朴不变，平遥国际摄影节在传承的基础上借助现代化摄影技术进行创新，成了一个优秀的成功的文化创意节事活动。以古城为依托、以摄影为媒介、以文化为底蕴，三者有机结合起来。每一届都突出一个鲜明的主题，显示民族与世界，开放与多元的文化意境。在这个摄影节期间，还推出舞台艺术、古代精品壁画展，全方位展示山西的历史文化。另外，在运作模式上也采用了政府主导、市场化运作、全民参与的模式。在传播上，也利用现代化传媒手段结合进行创新，如 DV、手机摄影等新的形式出现，平遥国际摄影节就将其纳入大展。每次大展都会召开高规格新闻发布会，组织精品巡展。

在2001年，平遥国际摄影节创办当年，旅游门票收入就达到了700万元。2017年，平遥国际摄影大展7天展期内，来自中、美、英、法、斯里兰卡等23个国家和地区的2000多名摄影师奉上16000余幅作品。事实上，按照惯例，每届大展都会有数百名中国和世界各地优秀的摄影师和摄影机构参加，并且还有来自世界各地十万多专业摄影家和业余摄影爱好者前来参加。为山西当地的旅游业发展立下汗马功劳。

四、现存问题

（一）创新潜力不够，主题特色不鲜明

我国许多地方的旅游节事活动在选题上多有雷同，缺乏文化上的新意与特色。例如我国有很多以茶文化为主题的旅游节事活动，中国绍兴的茶文化节、广州国际茶文化节以及中国安溪茶文化节等几十个茶文化旅游节事活动，并没有突显出每一个文化创意旅游节事活动的特别之处，片面追求经济效益而忽视了对文化内涵的挖掘和创新。很多创意活动都是在传统文化节事活动中加入商业炒作成分，例如邀请名人明星等。

从长远来看，违背了通过发展文化创意旅游节事活动促进一个地区旅游业发展初衷。

（二）过分注重游客，忽视当地居民

文化创意旅游节事活动是以传播旅游地的形象、吸引消费者和促进当地旅游业为目的的。因此对于主办方来说，如何吸引各地游客的到来、满足游客的消费需求，增加收入成为了首要问题。但是对于文化创意型旅游节事活动来说，是根植于当地居民的文化、生活之中的。缺少了当地居民的广泛参与，文化创意型旅游节事活动就失去了活动最原本的味道，失去了原动力，难以持续发展。

国外的品牌节庆活动，如德国啤酒节和美国的玫瑰节，它们之所以能够取得巨大成功，很大程度上也是因为重视当地居民的参与，通过当地居民的情感来感染外来游客，增加当地居民和游客的互动性。

（三）缺乏市场化运作

一直以来，我国的文化创意型旅游节事活动都是由政府主办或者是政府主导的运作模式占主导地位，但是这样的模式有可能会造成事实上的政企不分，活动的举办各方，会面临各部门之间工作衔接不顺畅，不利于调动市场积极性。政府的过多参与也会引起低效率、资源配置不合理等情况。因此，逐渐发展成为完全市场运作模式是今后的发展方向。

（四）旅游相关设施建设滞后

文化创意型旅游节事活动的发展超前于当地旅游基础设施建设是我国存在一个普遍问题。从事旅游行业的人员对节事活动的内涵了解并不透彻，不能很好地向游客阐释节事活动的主题，影响了游客体验。另外基础设施的配套也跟不上，例如河北白洋淀荷花节，当地的食宿条件都较差，在荷花节的举办期间经常有游客反映等厕所要排很久的队。在发展文化创意型旅游节事活动时不仅需要考虑到活动本身，还需要考虑到相关配套设施的建设。

（五）缺乏市场调研和分析，营销力度不够

在文化创意旅游节事活动举办之前，对于节事市场的调查、预测和游客的购买行为分析还不到位，或多或少在举办时都带有主观意志，忽视了节事活动自身的规律和特点，没有很好听取大众的意见，对广大参与者的口味与审美不够了解，也没有对参与者的反馈进行详尽的分析。

五、发展方向

独特的文化是文化创意型旅游节事活动开创和发展的核心，其他一切都是围绕着这个核心来运作的，这也是吸引游客的法宝。游客外出参加文化创意型旅游节事活动就是要寻找一种独特的文化体验，特色文化可以说是该活动的灵魂，也是当地民族性、地域性的体现。对于创意型旅游节事活动的举办来说，必须要有鲜明的特色定位，立足于当地文化，融合历史、民俗风情、宗教艺术和特色，等等，打造活动的独特品牌，以促进当地的旅游业发展。

（一）突出主题特色，挖掘文化内涵

创意是文化创意型旅游节事活动的成功基础，千篇一律的主题节事活动，对于具有猎奇和求新心理的游客来说，不再具有吸引力，因此，活动的举办要充分考虑游客的需求，满足游客不同层次的需要。挖掘节事文化的内涵，将独特的地方文化与新颖的节事活动相结合，形成区别于其他地方的、有价值的文化创意型旅游节事活动。

（二）注重与当地居民的结合

文化创意活动不仅仅是从历史上传承下来的古建筑，也不仅仅是形成某种特定惯例，旅游节事活动的本质是人与人的交流，不同文化的碰撞。因此，在发展文化创意型节事活动时，需要充分考虑到当地居民的利益，调动当地居民的积极性。让游客在与当地居民共同参与和交流中获得不同的体验，形成普天同庆的活动氛围。

（三）发展市场化运作模式

政府在文化创意旅游节事活动中的参与不应过多，应由市场来主导活动。政府的作用最多也只应局限于明确活动的方向，因势利导地执行调整。有关活动的一切内容都交由市场进行运作，达到“有组织无政府”的状态，有利于活动的长期发展，促进公平，提高节事活动的效益。

（四）建设相关配套设施

重视文化创意旅游节事专业人才的培养，提高创意节事活动的整体组织水平、管理水平和服务质量，完善相关的配套基础建设，让游客在参与活动的同时感受到令人满意的游客体验，这对于节事活动的推广以及吸引游客大有帮助。只有这样，才能建立好的文化创意节事活动品牌，提高知名度。在游客心中占有一席之地，例如提到啤酒节就会想到青岛，提到风筝节就会想到潍坊。

（五）增加市场调研与营销力度

在文化创意型旅游节事活动举办之前，需加大市场调研和营销力度，认真调查市场需求并加以科学预测，了解游客的需求和消费能力以后再进行活动策划，减少不必要的浪费，增加游客体验满意度。此外，还需要强化多种营销渠道，除了传统的营销媒体之外还应该注重网络营销、新媒体、社交媒体等营销手段。多方宣传，造出声势以引起公众的关注度，增加参与度。

第九章

旅游综合体的发展

一、基本概念和特征

（一）发展内涵

2002年，学者吴承照在中国地理学会学术年会上首次提出“古村落社区旅游综合体”以来，国内学术界和旅游规划界不少专家学者先后从不同角度对旅游综合体进行了探讨，但至今仍未出现得到学界普遍认可的权威概念[①]。目前，我国学者对于旅游综合体的概念研究主要从产业集聚、地产开发主要功能等角度展开。

（1）产业集聚

毛润泽（2010）认为，旅游综合体是以复合型旅游资源为依托，将观光、休闲、度假、娱乐、运动、商务、会展、居住、购物等不同功能的产品项目进行组合，并在各产品项目之间建立一种相互依存、支撑和补充的关系，从而形成一个多功能、多业态、高效率、复杂而统一的旅游集聚区（旅游休闲度假空间）[②]。王文君（2010）指出，旅游综合体是在特定的空间尺度中，依托

① 吴承照，古村落社区文化创意型旅游综合体规划研究，地理教育与学科发展，中国地理学会年学术年会论文摘要集。

② 毛润泽．旅游综合体：概念、类型与模式［Z］．第十五届全国区域旅游开发学术会议研讨会，2010，10.

相应资源，将酒店、景区、居住、展览、餐饮、会议、商业、文娱和交通等满足游客吃、住、行、游、购、娱等需求的功能空间进行三项以上的有机结合，达到旅游服务要素的高效复合，从而形成具有一定规模及建筑体量且各部分空间依存、价值互补、功能呼应的街区群体①。罗红宝，林锋（2010）提出旅游综合体是基于一定的旅游资源与土地基础，以旅游、观光、休闲、度假等为功能导向进行土地综合开发而形成的以高档服务配套设施为物质载体，以品质高、功能全、服务好为根本的旅游休闲聚集区②。卞显红（2011）认为，旅游综合体是在一个特定的旅游地域空间里，以具有比较优势的旅游资源与区位条件为发展基础，以旅游景区、旅游饭店等旅游企业为主体，拥有多种旅游功能和旅游设施，能够满足游客多种旅游需求，并且提供全方位服务的旅游综合发展区域③。陈雯婷（2011）在城市化背景下探讨了旅游综合体，认为它是以旅游业为主导产业，结合多种业态、功能、建筑的优势力量，在集中的场地上形成以旅游业为中心的城市节点④。李果（2012）提出，旅游综合体是基于一定的旅游资源（包括人工打造的资源）和土地基础，以旅游、休闲、度假为导向进行土地综合开发而形成的，以互动发展的度假酒店集群、综合休闲项目、旅游地产社区为核心功能构架，整体服务品质较高的旅游休闲（或含度假）聚集区⑤。潘善环（2013）将旅游综合体等同于文化创意型旅游综合体，认为文化旅游发展到产业化阶段后与多重要素相融合，以一定的空间集聚为中心，以文化为核心，以旅游休闲为导向，以商业为盈利点，以生态为理念，以土地的综合开发为目标，综合各种功能与特征，整合文化产业与旅游要素而形成的旅游休闲聚集区⑥。吴丽云（2017）将旅游综合体定义为以土地综合开发为基础，以观光、娱乐、休闲、度假等综合性服务功能为导向，以酒店、景区、商业、休闲娱乐、地产等多种业态为载体，实现资源

---

① 王文君．旅游综合体发展模式研究［D］．浙江工商大学，2010．

② 罗红宝，林锋．让旅游综合体成为旅游综合改革创新的战略抓手［N］．中国旅游报，2010-12-17．

③ 卞显红．基于自组织理论的旅游产业集群演化阶段与机制研究——以杭州国际旅游综合体为例［J］．经济地理，2011，31（2）：327-332．

④ 陈雯婷，金权杰，程澄．基于城市化背景下的旅游综合体研究［J］．城市规划，2011，（2）：27-28．

⑤ 李果．旅游综合体——助推城市产业经济发展的新模式［J］．经济视角，2012，（6）：29．

⑥ 潘善环．文化创意型旅游综合体开发理论模型研究［J］．旅游论坛，2013，6（3）：6-10．

优化配置和产业整合发展的综合性旅游产业集聚区[①]。见表 2-11。

表 2-11 产业集聚角度旅游综合体概念

作者	概念
毛润泽	以复合型旅游资源为依托，将观光、休闲、度假、娱乐、运动、商务、会展、居住、购物等不同功能的产品项目进行组合，并将各产品项目之间建立一种相互依存、支撑和补充的关系，从而形成一个多功能、多业态、高效率、复杂而统一的旅游集聚区（旅游休闲度假空间）。
王文君	在特定的空间尺度中，依托相应资源，将酒店、景区、居住、展览、餐饮、会议、商业、文娱和交通等满足游客吃、住、行、游、购、娱等需求的功能空间进行三项以上的有机结合，达到旅游服务要素的高效复合，从而形成具有一定规模及建筑体量且各部分空间依存、价值互补、功能呼应的街区群体。
罗红宝 林　锋	基于一定的旅游资源与土地基础，以旅游、观光、休闲、度假等为功能导向进行土地综合开发而形成的以高档服务配套设施为物质载体，以品质高、功能全、服务好为根本的旅游休闲聚集区。
卞显红	在一个特定的旅游地域空间里，以具有比较优势的旅游资源与区位条件为发展基础，以旅游景区、旅游饭店等旅游企业为主体，拥有多种旅游功能和旅游设施，能够满足游客多种旅游需求，并且提供全方位服务的旅游综合发展区域。
陈雯婷	在城市化背景下探讨了旅游综合体，认为它是以旅游业为主导产业，结合多种业态、功能、建筑的优势力量，在集中的场地上形成以旅游业为中心的城市节点。
李　果	基于一定的旅游资源（包括人工打造的资源）和土地基础，以旅游、休闲、度假为导向进行土地综合开发而形成的，以互动发展的度假酒店集群、综合休闲项目、旅游地产社区为核心功能构架，整体服务品质较高的旅游休闲（或含度假）聚集区。
潘善环	将旅游综合体等同于文化创意型旅游综合体，认为文化旅游发展到产业化阶段后与多重要素相融合，以一定的空间集聚为中心，以文化为核心，以旅游休闲为导向，以商业为盈利点，以生态为理念，以土地的综合开发为目标，综合各种功能与特征，整合文化产业与旅游要素而形成的旅游休闲聚集区。
吴丽云	以土地综合开发为基础，以观光、娱乐、休闲、度假等综合性服务功能为导向，以酒店、景区、商业、休闲、娱乐、地产等多种业态为载体，实现资源优化配置和产业整合发展的综合性旅游产业集聚区。[②]

资料来源：CNKI 文献资料整理

① 吴丽云 . 旅游综合体：模式、建议及发展问题［N］. 中国旅游报，2017.
② 吴丽云 . 旅游综合体：模式、建议及发展问题［N］. 中国旅游报，2017.

（2）地产开发

陈琴，李俊，张述林（2012）定义旅游综合体为房地产全新开发模式，并分析了该模式的表现特征，总结性地提出开发的理论模式及应用模式。[①]王文君（2010）认为旅游综合体是借鉴城市综合体而产生的一种新兴的旅游导向型土地综合利用方式。吴必虎，徐婉倩，徐小波也提出旅游综合体作为一种旅游导向型土地综合利用形式，在人工景区开发中逐渐兴起，并拓展到城市土地发展领域[②]。

（3）复合功能

徐文潇，边晓丹教授（2008）给“旅游综合体”做了个简练的解释：在一个特定的旅游空间里，拥有各种旅游功能和旅游设施，能够满足游客各种需求，并且提供全方位的服务的休闲聚集区[③]。黎筱筱、吴必虎（2010）描述了旅游综合体的特征即以自然景观、人文景观等旅游资源为依托，以旅游、观光、休闲、度假等为功能导向，以高档服务配套设施为物质载体，以品质高、功能全、服务好为根本[④]。赵弘中（2009）认为，是在相当大的地域范围内，以房地产为基础，以高档酒店为载体，以一流的自然、人文、服务环境为前提，以高品质的、功能齐全的服务内容为根本，但以旅游服务作为核心功能的一系列服务设施和内容的总称[⑤]。

综上可以看出，旅游综合体的概念虽然并未达成完全一致，但学者多从不同角度进行论述，其也有一定交叉。旅游综合体以互动发展的度假酒店集群、综合休闲项目、休闲地产社区为核心功能架构，作为聚集综合旅游功能的特定空间，旅游综合体是一个泛旅游产业聚集区，也是一个旅游经济系统，并有可能成为一个旅游休闲目的地[⑥]。笔者认为，旅游综合体是基于一定的资源条件，进行土地综合利用，并且满足游客“食、住、行、游、购、娱、康、体、悟”

---

① 陈琴，李俊，张述林.旅游综合体开发——一种旅游房地产全新开发模式研究［J］.旅游资源，2012，28（4）：369-372.

② 吴必虎，徐婉倩，徐小波.旅游综合体探索性研究［J］.地理与地理信息科学，2012，28（6）：96-100-111.

③ 徐文潇，边晓丹.杭州来个新名词叫“旅游综合体时代”［N］.杭州日报，2008-3-4，第007版.

④ 黎筱筱，吴必虎.泛旅游时代旅游综合体建设［N］.中国旅游报，2011.3.21.

⑤ 赵弘中.打造高品质的湖滨南山路国际旅游综合体［J］.杭州通讯，2009（4）：15-16.

⑥ 李其涛，程艳.八大类旅游综合体的定位与规划解码书［M］.江苏科学技术出版社，2014.2.

等多种旅游需求的产业集聚，核心是提供高品质、综合性旅游产品和服务。

（二）相关概念

旅游综合体（tourism complex）是中国首创的词汇。理解旅游综合体的概念，需要辨析几个相关概念：建筑综合体、城市综合体、旅游地产。

（1）建筑综合体

旅游综合体概念来自于城市综合体，而城市综合体的概念来自于建筑综合体。《中国大百科全书》对建筑综合体的定义是："多个功能不同的空间组合而成的建筑"。《美国建筑百科全书》则称"建筑综合体是在一个位置上，具有单个或多个功能的一组建筑。"龙固新《大型都市综合体开发研究与实践》一书中，对建筑综合体的概念做出了如下的解释："建筑综合体是将城市活动中多种不同的功能空间进行有机地组合（商业、办公、居住、旅馆、展览、餐饮、会议、文娱），通过一组建筑来完成，并与城市交通协调。同时，在不同功能之间建立一种空间依存、价值互补的能动关系，从而形成一个功能复合、高效的复杂而统一的综合体。建筑综合体的综合性并非表现为数量上的简单累加，而是多种功能的系统性优化组合，克服单一功能的局限性，在互动过程中形成更为广泛与优越的整体功能①。"可见其内涵与旅游综合体是不同的。

（2）城市综合体

旅游综合体概念来自于城市综合体。城市综合体是以建筑群为基础，融合商业零售、商务办公、酒店餐饮、公寓住宅、综合娱乐五大核心功能于一体的"城中之城"（功能聚合、土地集约的城市经济聚集体），而旅游综合体，有时也称为"休闲综合体"或者"度假休闲体"，是指基于一定的旅游资源与土地基础，以旅游休闲为导向进行土地综合开发而形成的整体服务品质较高的旅游休闲聚集区。城市综合体是将城市中的商业、办公、居住、旅店、展览、会议、娱乐等城市生活空间功能进行组合，并在各部分间建立起一种共生互补的能动关系，从而形成一个多元化、多功能、高效益的优质综合体。城市综合体虽然规模庞大、组成方式复杂，但它的形态表现可以归纳为两大

① 龙固新. 大型都市综合体开发研究与实践［M］. 南京：东南大学出版社，2005：13.

类：一种是城市形态的表现，即在城市中心区域为了降低综合商务成本而呈现的形态，在高层建筑群内全都集合了办公、餐饮、商业等服务场所，形成“垂直向”发展的城市综合体；另一种则表现为经济形态，即中心区内规划的办公、居住、商业设施等多种独立场所，通过设计手段将它们联结在一起（如步行连廊等方式），形成了互为价值链关系的、集群式的、高使用率的城市综合体，这种表现形式强调了城市综合体的“水平向”发展[①]。虽然旅游综合体的概念来源于城市综合体，与城市综合体存在相似性，二者都是在一定的空间范围内进行土地的综合有效的开发利用，开发规模都较大，可以实现多项产业功能的空间集聚，促进城市或者区域的现代化水平；但二者也有一定的区别：旅游综合体的核心目标是实现旅游休闲的主导功能，而城市综合体开发建设的目的是实现多项功能的集聚，充分利用空间，实现价值最大化，促进城市发展，是多项城市功能的复合。

（3）旅游地产

旅游地产是借助于优美的自然风光或者有旅游吸引力的旅游资源，选择有利的区位而发展的房地产业，它的主要目的是借助于秀丽风光和独特旅游资源的吸引力，从而销售房地产；而旅游综合体则是以实现并满足游客的多元化旅游休闲观光度假需要为主要目标，旅游地产只是旅游综合体构成的一个有机组成部分，销售旅游房地产并不是旅游综合体的主要任务。另外，旅游地产的主要功能就是为进行旅游休闲的游客提供住、接待等服务，而旅游综合体除了旅游接待和居住之外，还可以满足游客以及当地居民的多种需求，例如娱乐、购物、会议会展、体育活动、商务、餐饮等，可见旅游综合体的功能更为丰富。

（三）基本特征

（1）依托资源综合开发

土地资源、旅游资源是旅游综合体开发的重要依托。其目的是通过综合开发，进行多功能、多业态的集聚，以旅游发展提升土地价值、推动相关产业发展、多元文化互动，最终实现经济效益、社会效益及环境效益三者的共

① 朱文俊．城市综合体的功能及价值分析［D］．清华大学，2009.

赢。很多旅游综合体项目是以稀缺的旅游资源、得天独厚的气候资源为驱动力的，如温泉、海滨、湿地、森林、岛屿、山地等自然资源，或是独特的文化创意资源，着力于度假生活的营造，如吉林长白山国际旅游度假区、北京九华山庄、杭州西溪天堂等。旅游综合体项目必须依托良好的自然、人文环境，并受环境变化的影响极大①。

（2）旅游为主导，功能多元化

旅游综合体是在传统旅游项目之外增加了会议、度假、文化、演艺、运动及房地产产品，功能结构多元化，可以高效地满足游客食、住、行、游、购、娱乃至商务、会议、体育活动等多种需求。它具有比单一的旅游服务功能更大的效能优势、更佳的旅游需求满足能力。其内部功能间的相互助益、相互促进、相互依存使旅游综合体成为一个有机生命体，为游客带来了旅游体验上的便利，同时降低了旅游成本。因而，旅游功能占据主要地位。

（3）多业态综合发展

旅游综合体内聚集了多种业态，且根据市场有计划地确定其业种、业态的配比，各业态之间相对独立又相互影响依赖。不同服务功能相对均衡地分布，为旅游消费者提供便利，使游客在一定的空间里，充分体验观光、休闲、娱乐、度假、购物的一站式服务，从而发挥出旅游综合体的规模效应及成本优势，实现各组成部分之间的优化组合。

旅游综合体是城市区域旅游以及经济产业发展的有力推动力，一定程度上可以代表城市、区域的旅游形象，拉动区域经济，因此，其发展的另外一个特点是需要便利的交通以及区位条件，同时，也离不开政府的参与，地方政府与开发商相结合趋势日益凸显。

二、基本类型

国内学者依据旅游综合体依托的资源、功能驱动因素、地理区位以及项

① 肖彦，路立敏，崔丽萍．旅游投资项目投资风险评价研究［J］．沿海企业与科技，2007（1）：125–127.

目规模、品质对我国旅游综合体进行了分类，其中，以旅游综合体依托的资源及功能驱动因素进行分类的居多。依据不同的标准，大体上可以归纳为以下几种：

（一）依托资源分类

朱琼琳（2014）依据旅游综合体所依托的资源优势的不同，将我国旅游综合体分为4种发展模式：以主题公园为核心，以生态休闲为核心，以商业服务为核心，以会展服务为核心[①]。李彪，赵谨（2014）将旅游综合体划分为山水类、文化类和主题公园类三种发展类型[②]。潘金宝，张志强（2011）将旅游综合体分为主题公园、乡村旅游、生态休闲、文化新城等类型[③]。毛润泽分为依托自然旅游资源、依托人文旅游资源、依托主题公园类、依托社会类旅游资源的4种类型；王宇翔、程道品（2013）将旅游综合体的开发模式归纳为生态型旅游综合体开发模式、主题型旅游综合体开发模式及商业型旅游综合体开发模式[④]。

（二）功能驱动因素分类

陈雯婷等人（2011）提出我国旅游综合体的4种主要类别：生态休闲旅游综合体、休闲商业旅游综合体、文化创意旅游综合体、娱乐度假旅游综合体[⑤]。李德明，朱生东（2012）依据旅游综合体发展的核心驱动功能不同，分为娱乐旅游综合体、休闲度假旅游综合体、会展旅游综合体和商业旅游综合体4种类型[⑥]。张若阳（2012）将我国的旅游综合体开发模式归纳为主题公园导向型、生态休闲导向型、人文文化导向型、乡村旅游综合体等4种类型。吴儒练等人（2016）认为，旅游综合体的开发模式主要有城市

① 朱琼琳．解析旅游综合体发展模式［J］．吉林工程技术师范学院学报，2014，30（1）：44–46.

② 李彪，赵谨．旅游综合体发展类型刍议［J］．现代营销，2014：18–20.

③ 潘金宝，张志强．芜湖市域旅游综合体类型与空间布局原理分析［J］．城市探索，2011（8）：19–22.

④ 王宇翔，程道品．旅游综合体开发模式研究［J］．浙江旅游职业学院学报，2013，9（4）：12.

⑤ 陈雯婷，金权杰，程澄．基于城市化背景下的旅游综合体研究［J］．城市规划，2011，（2）：27–28.

⑥ 李德明，朱生东．城市旅游综合体发展模式与对策研究［J］．资源开发与市场 2012，28（12）：1146–1148.

商业型、生态休闲型、文化创意型和休闲度假型四类[①]。吴丽云（2017）认为，旅游综合体开发主要有四种模式：一是以主题公园为核心的旅游综合体，也是目前最为成功的旅游综合体，如华侨城、长隆旅游度假区等。二是以休闲度假为核心的旅游综合体，如珠海的港中旅海泉湾度假城、万达长白山国际度假区等。三是以文化创意为核心的旅游综合体，如西安曲江新城等。四是以旅游城镇为核心的旅游综合体，如中青旅古北水镇、横店影视城等。

（三）依据规模

根据旅游综合体规模大小可以分为三类，即大型旅游综合体、中型旅游综合体、小型旅游综合体。吴必虎、徐婉倩，徐小波（2012）认为，依托大型主题公园（景区）而形成的多产业综合片区，一般位于中心城市新区或向郊区综合度假区演化，如深圳华侨城旅游度假区、西安大唐芙蓉园——大雁塔地段、常州环球恐龙城休闲旅游区、无锡灵山胜境景区；大型综合度假区，一般位于区域中心城市或重点旅游城市（景区）周边，如广州长隆旅游度假区、深圳观澜湖休闲旅游区、桂林乐满地度假世界；中小型综合休闲场地，一般位于经济相对发达地区，以面向本地及周边游客市场为主，如潍坊金宝乐园、濮阳绿色庄园、锡林郭勒赛汗塔拉旅游娱乐园、邯郸东山文化公园。

（四）其他分类

根据主要客源市场可分为：国际旅游综合体、区域旅游综合体、本地旅游综合体。

根据品质划分为：一般旅游综合体和国际旅游综合体（西溪天堂国际旅游综合体）两种。

根据地理区位分类：以旅游综合体在特大城市、一般性城市、乡村地区、风景区等类型的区域对其进行分类[②]。见表 2-12。

① 吴儒练，刘叶彪，吕品. 我国旅游综合体的开发模式及分类发展对策［J］. 商业经济研究，2016（2）：179-181.

② 冯学钢，吴文智. 旅游综合体的规划理性与结构艺术［J］. 旅游学刊，2013，28（9）：8-10.

表 2-12 旅游综合体分类

依据	类型
依托资源类型	依托自然旅游资源、依托人文旅游资源、依托主题公园类、依托社会类旅游资源
	资源依托型旅游综合体、资源脱离型旅游综合体
	主题公园为核心旅游综合体、生态休闲为核心旅游综合体、商业服务为核心旅游综合体、会展服务为核心旅游综合体
	山水类旅游综合体、文化类旅游综合体、主题公园类旅游综合体
	主题公园旅游综合体、乡村旅游综合体、生态休闲旅游综合体、文化新城旅游综合体
功能驱动因素	生态休闲旅游综合体、休闲商业旅游综合体、文化创意旅游综合体、娱乐度假旅游综合体
	娱乐旅游综合体、休闲度假游综合体、会展旅游综合体和商业旅游综合体
	主题公园导向型、生态休闲导向型、人文文化导向型、乡村旅游综合体
根据规模大小	大型旅游综合体、中型旅游综合体、小型旅游综合体
主要客源市场	国际旅游综合体、区域旅游综合体、本地旅游综合体
品质	一般旅游综合体和国际旅游综合体
地理区位	一般性城市、乡村地区、风景区等类型

资料来源：CNKI 文献整理

三、发展过程与现状

（一）发展过程

（1）萌芽期

主题公园是我国旅游综合体最早的雏形。1980 年以来，我国主题公园得到了迅速的发展，深圳世界之窗、锦绣中华开创了以特定景象为主题的景区开发模式。主题公园除了满足游客动感娱乐的需求，更是增添了旅游观光的功能。随后，更多的主题公园通过借助一定的文化资源，人工打造文化景观，发展了我国第二代主题公园——“资源文化导向型主题公园”，又称为主题景区。1990 年以后，主题景区开始增加多项功能，如度假、康体、会展、商务、地产等，从而形成了我国最初的旅游综合体发展模式。2007 年，深圳华侨城的建立，成为我国旅游综合体发展的里程碑事件，开创了我国典型的旅游综合体的开发模式。

（2）初步发展期

2008 至 2010 年，是我国旅游综合体发展的重要时期。2008 年，杭州首次提出要建设 100 个多功能城市综合体计划，其中国际旅游综合体或与旅游业相关联的综合体达到 30 多个[①]。随后，旅游综合体建设在全国变得风生水起。国外著名的迪拜，国内著名的深圳欢乐谷、东部华侨城、珠海海泉湾等已经成为旅游综合体建设的样板。国家旅游局局长邵琪伟 2009 年在杭州调研讲话时指出，“以打造旅游综合体为突破口，使‘旅游城市’向‘城市旅游’转变。自 2010 年我国房地产调控政策趋紧后，各大地产巨头纷纷寻求新的出路，从商业地产转向旅游地产，尤其是大体量的旅游综合体开发格外受到了青睐。

2008 年至今，万达集团先声夺人在全国跑马圈地，斥资数千亿，迅速占领了中国旅游地产的半壁江山，开始开发旅游综合体，伴随着万达的开发，国内其他知名房地产开发商、旅游企业以及政府也加入到旅游综合体建设的强大阵容中来，旅游综合体蓬勃发展，各地掀起了旅游综合体开发的热潮。从实践进展来看，深圳、上海、香港、澳门、珠海等经济发达城市的旅游综合体发展走在了全国前列，已从开发建设阶段过渡到运营发展阶段。从区域分布来看，目前的我国旅游综合体项目主要集中在自然资源较好的区域，在区域分布上呈现出“向海、环湖、依山”的特点，因此投资源突出的海南岛、环渤海和山、湖资源突出的长三角、云南以及川渝地区是我国旅游综合体项目最为集中的区域。据 CRIC 旅游地产不完全统计，海南岛、环渤海、长三

① 卞显红．旅游产业集群成长阶段及持续成长驱动力分析——以杭州国际旅游综合体［J］．经济地理，2011，12：84-91.

角和西南地区的旅游综合体项目分别占全国旅游综合体项目的21%、19%、17%和6%。

（3）快速发展期

2011年以来，国家颁布了一系列房地产市场调控政策，新《国八条》《国五条》的出台、房产税开始试点、央行加息、提高存款准备金率以及各地限购政策，使得部分住宅市场成交遇冷，尤其是二三线城市，利润在萎缩，因而越来越多的地产商在旅游地产中找到了新一轮的发展契机。随着政府对旅游综合体建设支持力度的增强，2011年，各地产商纷纷大力投资，旅游综合体开发呈现井喷状态。目前，国内的许多大中城市、地产企业都在积极规划、推进旅游综合体的开发、建设。据统计，截至2013年底，国内涉足旅游综合体的公司超过100家，在全国布局了上百个旅游综合体项目，南至海南岛，北到长白山，西至大漠边陲新疆，东面沿海岸线蔓延。全国已上市的旅游综合体项目约有2600个，占旅游地产项目总数的50%左右。约有两千多家来自不同领域的企业涉足旅游地产开发，投资总额超过1万亿，旅游综合体投资已经成为社会固定资产投资的主要组成部分。

（二）发展现状

旅游综合体作为一种新生力量，对于旅游业发展，城市竞争力及旅游品质提升，区域经济发展，文化挖掘具有重要的作用。我国旅游综合体建设势不可当，已经成为各地旅游经济增长的新动力，在实践发展过程中，我们会看到成功案例，也会看到经营惨淡的情况。目前，从旅游综合体开发的主体来看，主要有以恒大、雨润、万达为代表的房地产开发商和以港中旅、杭州旅游集团、深圳华侨城集团、中青旅等为代表的旅游企业集团两大类，前者资金雄厚，项目运作经验丰富，往往将旅游综合体的建设与地产结合起来，用旅游带动地产经营，实现双赢；后者则对旅游行业有更加丰富的经验和更深入的了解，开发的产品往往具有鲜明的特色和较强竞争力，例如深圳华侨城、古北水镇等见表2-13。

表 2–13　2013 中国旅游综合体 Top10 榜单

评价体系	投资规模 核心吸引力 环境价值 休闲功能多元性 服务品质 人气聚集价值 区位价值 科技含量 品牌知名度	1.深圳东部华侨城	“旅游+地产”模式开发的先行者和探索者、中国创意旅游综合体品牌连锁开发模式的创始者和领航者、以生态导向开发创意旅游综合体的成功典范、全国首个“国家生态旅游示范区”。东部华侨城以旅游主题地产为特色的成片综合开发与运营模式，在南中国建设了中国最大的主题公园群，形成了一个深受全球游客喜爱的世界级度假旅游目的地。
		2.广州长隆度假区	开创了都市近郊型休闲游乐度假的全新典范，确立了中国家庭亲子休闲消费的全新标准，构建了主题游乐与休闲度假、会议服务的全面融合模式，刷新多项主题公园之“最”，成为都市中心的世界级旅游王国。
		3.西安曲江新城	曲江新城十年崛起，西安实现中华文化复兴的引领者。通过打造六大遗址公园、四大文化旅游园区、六大产业基地、十大文化形态，撑起曲江作为西部第一文化旅游品牌的战略构想，再造“大唐胜景”。
		4.长白山国际度假区	由万达集团领衔投资230亿元打造的中国唯一高端山地度假体验地，开创中国度假3.0时代，世界含有的生态资源与世界顶级独家管理团队的结合，造就一处原始生态的山地度假精品。
		5.澳门威尼斯人	全球最具综合娱乐消费价值的旅游目的地，将亚洲旗舰级建筑、旅游热点及多种娱乐业态形神合一，以提升综合展演、购物观光等非博彩收入占比为目标，促进澳门“后博彩时代”的旅游升级。
		6.杭州西溪湿地	以世界领先的产品设计理念，以世界高端品牌酒店集群，世界级建筑大师作品集群，彰显出国际化奢侈品牌的形象与气质。西溪天堂是同时拥有原生态自然湿地景观与完备的奢华度假功能的心灵归属之地。
		7.三亚红树林度假区	以世界级目的地酒店为标准，是中国推出的第一座巨无霸式五星级酒店，开创中国全生活概念度假酒店全新模式，是融度假、水上休闲、巅峰娱乐、全球美食购物体验、商务、超级会议会展等功能于一体的综合体建筑集群。
		8.青岛海泉湾	以海洋温泉为核心产品的大型综合旅游休闲度假区，率先将奥特莱斯引入度假区，以度假酒店、海洋温泉、购物、演艺等丰富的旅游产品开辟了青岛旅游的新时代，奠定了海泉湾品牌在国内旅游业的翘楚地位。
		9.海口观澜湖	集高球运动、旅游度假、休闲娱乐、环球美食和温泉水疗于一身的世界级综合体休闲养生胜地，中国最负盛名的高尔夫国际赛事和国际体育、文化、商贸交流平台，品牌输出的成功典范。
		10.海南清水湾	以“度假+旅游+投资+养生”的综合模式，改写海南传统的开发模式，开启“国际综合湾区地产时代”，是集休闲、度假、观光、商务、运动、居住为一体的复合型国际冰海旅游度假胜地。

资料来源：第三届中国旅游项目投资大会上国际投资协会与巅峰智业联合发布

四、问题与趋势

鉴于旅游综合体体量大、投资高，其开发成功与否，无论对投资者、景区、目的地，还是区域发展来说都有较大的影响。当然，在旅游综合体的开发建设中，不可避免地会出现一些诸如选址不合理、建设粗糙、文化品位低下、雷同性等问题。

（一）规划不当，选址不佳

旅游综合体开发过程中，项目前期规划、选址过程的不合理和缺乏科学性会直接带来旅游综合体建设的失败。项目选址是项目可行性研究和前期策划中的一项重要内容，是关系投资成败的关键步骤。目前，我国旅游综合体项目的开发、规划及建设周期明显较短。然而，国际上有名的综合体项目如六本木新城前期的开发、规划、设计以及与拆迁户的沟通一共花费14年时间。仓促上马的项目规划往往缺乏对区域道路、市政设施、旅游资源的现状及未来区域发展情况的深入研究，导致综合体内的功能业态布局不协调，地块应有价值未得到全面体现。

（二）区域投资过热，片面追求规模

我国旅游综合体建设过程中出现了以追求规模为目标和方向的情况，旅游综合体建设忽视了当地经济发展水平，同时出现了区域投资过热的情况，导致行业投资泡沫，风险加大。有的地方政府仅凭意愿及热情作为“政绩工程”建设，而忽视区域资源现状、市场容量、地域价值等因素，盲目开发与区域发展长远利益不符的旅游综合体项目。

（三）跟风复制，创意缺乏

我国旅游综合体建设过程中出现了严重的跟风复制。一些城市盲目模仿别的城市的旅游综合体建设模式，忽视本地情况。项目特色缺失与周边资源和市场不协调，业态单一，无法形成聚合能力。一般旅游综合体规模大、投资高、周期长，与地域发展有很大的关联性，依托特定区域特定的文化资源或者人造景区，而跟风建设，复制发展，必将失败。旅游综合体是伴随着城市化进程以及游客需求而诞生的，也成为未来发展的主流方向。将城市的差异与独特的旅游资源完美结合后，以一种模式在不同城市之间进行复制，一

定是行不通的。

（四）大地产小旅游

旅游综合体建设弱化旅游主导功能，旅游综合体变相为旅游地产。旅游综合体发展过程中出现了淡化旅游主导功能的现象，旅游休闲功能弱化，重点发展商业或住宅地产，从而使得旅游综合体建设的出发点变为片面追求旅游地产的利润。同时，盈利模式单一，照搬固有的旅游＋地产模式，旅游盈利点挖掘渐渐被忽视。

旅游综合体巨大的发展潜力不断突显，必将成为我国旅游业发展的强大推手，势不可当。旅游综合体为我国旅游业的发展提出了新的思路、模式，大大扩展了旅游业的发展空间，也为城市带来一种新的生产和生活模式。旅游综合体蓬勃发展过程中出现了比较典型、成功的代表，但在快速扩展的过程中也出现了一些问题，也有不景气的现象或者失败的教训。因此，对于旅游综合体建设，若不及时采取有效措施对其加以合理引导和科学管理，极易导致新一轮变相的大规模旅游地产开发①。虽然我国旅游综合体建设过程中出现了问题，但是，旅游综合体仍然具有强大的推动力，是城市建设、产业发展的重要方向。我国旅游综合体发展的趋势是投资热点呈现战略规划导向性、项目选址呈现稀缺资源导向性、投资主体呈现出多元化的趋势、项目投资呈现金额巨大的特点、开发模式创新形式在不断涌现②。旅游综合体开发模式作为现有区域旅游开发模式的有益补充，有可能成为将来各类区域的最终选择③。旅游综合体的产生能够有效地提高我国旅游产业的整体品质，帮助我国旅游业更好地与国际旅游业接轨，塑造我国旅游业良好的国际形象，提高我国旅游业的国际竞争力④。旅游综合体的特征决定了其强大的资金投入和风险并存，如果规划选址开发不合理，给政府和企业带来的将会是致命的打击。

旅游综合体的产生符合旅游消费转型发展的需要，也是旅游供给能力升级的产物，对于我国丰富的文化传承方式进行了创新，也是城市形象建设的

① 秦岩，王衍用，代志鹏．以生态学视角审视旅游综合体［N］．中国旅游报，2011－5－11.
② 李果．旅游综合体——助推城市产业经济发展的新模式［J］．经济视角，2012,（6）：29.
③ 张文磊，周忠发．全域体验开发模式：区域旅游开发的新途径［J］．生态经济，2013，2.
④ 张若阳．我国旅游综合体开发模式研究［D］．山东大学，2012.

强大推手，开创了旅游投资模式的新方向，也是地产创新开发的方向。旅游休闲时代的到来，人们度假理念以及生活方式的改变势必带来我国旅游业发展新的机会，旅游综合体作为引领产业发展的重要方向，在蓬勃发展、大力开发的基础上需要做到更加合理的规划，选择更优的发展模式。光有景点是留不住人的，留得住人的是生活——宜人的、养人的生活。现在人们追求的是“向前走一步是自然山水，向后退一步是五星级服务”的一种享受。因此，旅游综合体的开发建设需要开发商、政府等相关参与者在旅游综合体的建设实践中不断探索，对旅游资源、专业资源、城市资源高效整合，真正实现旅游综合体的价值效益。

第十章 文化创意型旅游商品的发展

一、概念及类型

张凌云（1990）认为，旅游商品和普通商品之间并无明显的界定，而是亦此亦彼的关系。事实上，目前国内学术界对旅游商品的概念还未达成完全统一界定，但就以下两个问题学术界已经基本达成共识。第一，就旅游购物行为发生的时间和空间而言，普遍认同旅游商品具有购买行为的异地性，即发生在旅游途中的特点；第二，就商品的属性而言，所购买对象有别于服务产品，具有有形性。苗学玲提出旅游商品（或称旅游购物品）是指由旅游活动引起旅游者出于商业目的以外购买的，以旅游纪念品为核心的有形商品。

广义上的旅游商品解释，魏小安把旅游商品分为四个方面，包括旅游工艺品和旅游纪念品、日用消费品、小额贸易及旅游装备工业。文化上的解释，周拥平认为，旅游商品是带有一个国家和地区文化象征意义的商品，且可以分为两个层次，即反映传统文化层次的旅游商品和表现整体的现代化水平的旅游商品。石美玉根据旅游者的需求对旅游商品划分四个类型：旅游纪念品、旅游日常消费品、旅游专用品和其他商品。旅游商品一般由以下两个部分组成：第一，旅游者旅行前在居住地购买的、准备在旅游过程中使用的商品，包括旅游户外用品、旅游书籍、生活日用品以及用于探亲访友的土特产等。

第二，旅游者在旅游过程中购买的商品，包括纪念品、生活用品和免税商店购买的商品等。见图 2-4。

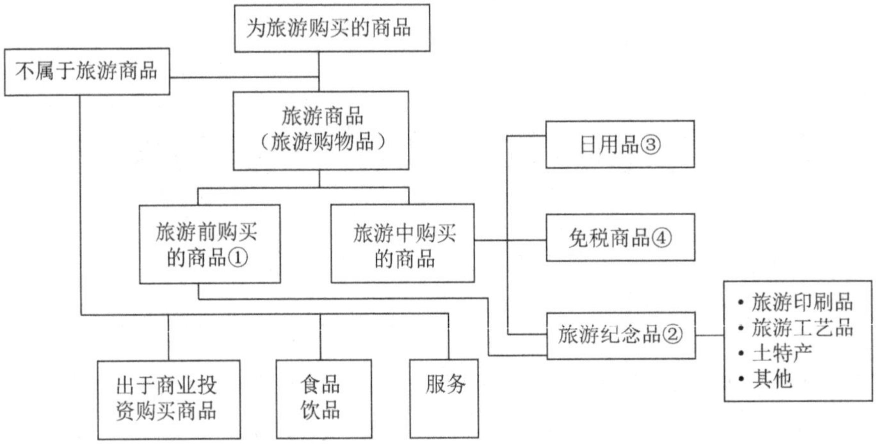

图 2-4　旅游商品的概念性定义

旅游纪念品是旅游商品的一部分，也是核心部分。旅游纪念品是旅游者在旅游过程中购买的具有区域文化特征、富有民族特色、有长期纪念意义的物品。它多以旅游景点的文化古迹或自然风光为题材，体现当地的传统工艺风格，制作独特。我国纪念品的类型很多，归纳起来主要有具有陈设功能的旅游纪念品、具有日用功能的旅游纪念品和收藏品。

二、发展现状与问题

一直以来，旅游业被认为是民族地区促进地方经济发展、社区脱贫致富的新生资源。而旅游商品作为民族地区旅游业的一种重要经济来源，其制作工艺粗糙、内涵单一、缺乏文化创意等一系列问题严重制约了地方旅游业的规模化发展。从总体上讲，民族地区旅游商品开发目前仍然处于小规模、浅层次发展阶段，成为民族旅游产业链上的一个“软肋”。相关研究表明，目前我国民族地区旅游商品开发存在的主要问题有：

首先，旅游商品开发的市场观念滞后。长期以来，由于民族地区经济与社会文化发展整体水平偏低，致使其对于旅游商品开发的观念陈旧，思路保守，缺乏长远的市场拓展眼光，最终旅游商品的研发、生产、销售长期处于低水平盲目再生产阶段。

其次，旅游商品缺乏地方民族文化特色。我国民族地区旅游商品开发存在民族文化特色内涵挖掘不够、制作工艺粗糙、商品雷同、结构单一的突出问题。以我国四川、云南、贵州、广西等西部民族地区为例，各地出售的所谓“民族特色”手工艺品几乎大同小异、低质低价，在图案设计、色彩搭配上难以体现浓郁民族文化特色，游客购买率极低。

再次，旅游商品专业研发人才紧缺。缺乏相关专业研发人才、科研力量薄弱，是制约我国民族地区旅游商品行业发展的瓶颈之一。由于专业技术科研团队力量的支撑力量薄弱，众多民族地区旅游商品的生产、销售多为自发、盲目的短期行为，难以实现其旅游商品市场的规模化与可持续发展。

三、旅游商品创意开发模式

文化创意是旅游业发展的灵魂和生命力，是丰富和提升旅游商品的主要途径。近年来，旅游商品开发在我国的旅游业开发中越来越受到重视，无论是生活方式、生产方式、宗教信仰、民俗特色等，这些都可构成旅游商品开发的重要元素。从语言文字、衣着装饰到生活用品、家具建筑、生产工具、节日歌舞、食物结构、休闲娱乐等都体现着各地区、各民族特色。这些各地区、各民族不尽相同的文化背景都是构成旅游商品开发的重要元素。如何将旅游地的文化内涵创意地渗透进旅游商品开发中，以提高旅游商品的层次及品质，对我们这样一个人文资源丰富的旅游大国而言，是一个值得思考的问题。

在旅游商品的开发中融入当地传统文化特色和艺术内涵，可丰富旅游商品的内涵；将富有特色的地方传统工艺与高新技术有机结合，可开发出一批创意新颖独特、设计精美、实用性强的旅游商品；通过电视制作、动漫设计、软件开发等手段，可以增加旅游商品的科技含量，提高产品附加值。而通过扶持和吸引一批企业投资开发内涵丰富、科技含量高的文化创意产品，打造一批创意新颖独特、地方特色浓郁的文化旅游商品，形成具有一定规模和集聚效应的文化创意产业园区，从而使文化、艺术、旅游和创意产业互动，是旅游购物与文化创意产业融合发展的最佳途径。如浙江义乌市通过“政府主导，产学研合作，企业化运作”的运行模式，创立了以商品设计研发为主要内容的义乌创意园，该创意园旨在成为小商品研发设计和市场创意的引擎，对推动义乌小商品品牌的升级，提升小商品生产企业的竞争力提供了创新平台，也为旅游购物与文化创意产业的融合发展提供了很好的示范。

旅游商品的创意开发应有以下亮点：

第一，挖掘旅游地文化内涵，提升旅游商品文化附加值。旅游商品一方面体现旅游地物质资源状况，同时，也是体现旅游地地域文化的载体。因此，旅游商品开发中应尽可能在传统的工艺、材料、技术的基础上，结合现代科学技术，挖掘地域历史、民族文化精华，使其更加质朴、自然、精致，真正体现民族历史文化的特色。旅游商品中所融入的民族文化创意元素与艺术内涵密集程度越大，其附加价值越大。例如，喝茶一般意义上是为了生津解渴；而当云南大理“三道茶”蕴涵了“一苦，二甜，三回味”的茶道，则成为一种能为旅游者提供物质与精神文化双重享受的高价值旅游商品。具体而言，增加旅游商品的附加值可以通过题材、材料、功能、工艺这四大方面文化创意设计来实现。从题材上来看，民族地区各种英雄传说、神话故事等能够为旅游商品提供具有地方文化特色的素材；从材料、功能上看，若能因地制宜地就地选取原材料，例如利用藤、草等自然植物作为商品生产、包装材料，同时在商品功能上注重遵循本地本民族审美情趣、宗教信仰，就可以在节约成本的基础上增强旅游商品本土生态文化气息、给予旅游者文化精神享受；从工艺上看，注重民族传统手工艺与现代工艺等加工制作方式，将有利于民族地区旅游商品凸现文化创意特色。

第二，强化、创新和保护旅游纪念品的地方特色。当前，我国居民消费步入快速转型升级的重要阶段，旅游业正迎来黄金发展期，但是旅游商品供给跟不上消费升级的需求。旅游商品的供给侧结构性改革应使旅游商品符合市场的要求，服务于游客，充分挖掘旅游消费和投资潜力，才能为行业发展持续提供新的动力和机遇。在旅游活动过程中，游客购买旅游纪念品的关键在于旅游商品所具有的地域特色及民族历史文化的内涵和精髓，通过有形的旅游商品传承无形的文化，这样才能使旅游商品具有珍藏、馈赠、纪念等功能。因此，旅游纪念品设计从以下三方面着眼：

题材创意设计：在保留原有旅游商品功能的基础上，利用富含另一种文化含义的创意题材来反映原有传统旅游商品文化内涵。运用题材创意战略，对一些民族独特的生产、生活用品进行艺术加工，设计制造出既实用又有工艺美术欣赏价值，且取材严格、造型多变的新型旅游纪念品和艺术品。

材料创意设计：旅游商品制作、包装材料的选择也是体现地方特色的重要因素。由于我国民族地区具有丰富的动植物、有色金属等资源，因此旅游商品的制作、包装材料应选用以自然生态环保材料为主；例如采用当地的竹、藤、木、纸、泥或植物的茎叶等天然材料进行创意设计，既能体现民族特色，还能遵循低碳环保创意理念。

工艺创意设计：对传统产品在加工工艺方面作一些改革，使原有产品焕发新光彩。我国极具少数民族地方特色创意的旅游商品基本上是手工制作出来的；例如各民族服饰的纺、织、染等加工制作工艺、金银佩饰的制作工艺等，能够使所制作出的商品独具吸引力。

第三，政府引导发展精品，创意开发文化衍生品。2015 年 8 月 1 日，国务院办公厅发布了《关于进一步促进旅游投资和消费的若干意见》，文中表示丰富提升特色旅游商品，各地政府要注重引导，扎实推进旅游商品的大众创业、万众创新，鼓励市场主体开发富有特色的旅游商品类型；培育一批旅游商品研发、生产、销售龙头企业，加大对老字号商品、民族旅游商品的宣传推广力度。旅游衍生品可称之为旅游纪念品，是能代表旅游地的地域文化特色，具有一定纪念性、收藏性及实用性的系列可供销售的产品，具有一定的时代性与审美性。旅游衍生品可以分为原生态衍生品与再设计类衍生品，原生态类更多地保留了地域性的文化图腾符号及材质等，而再设计类则对地域文化进行了更深层的符号抽象，融合现代文化的创意性设计元素更多。如“北京礼物”，它立足于中国特色，整合传统民俗、中华老字号等非物质文化遗产，深入挖掘特色文化旅游资源内涵。此外如“海南有礼”、“杭州礼物”、“新疆礼物”等旅游衍生品，其发展按“政府引导、市场主导、企业主体”的原则，企业从品牌内涵、文化特色、包装设计、购物环境与服务质量等方面全方位地提升旅游商品的内在品质。

第四，寻找多方位营销方式，创意整合文化资源。旅游商品市场营销是指旅游生产商在识别旅游者需求的基础上，通过确定其所能提供的目标市场并设计适当的旅游商品，以满足这些市场需求的过程。从营销种类来看，旅游商品市场营销可以分为整合营销传播、网络营销、关系营销、危机营销、文化营销、社会营销等。其中的文化营销是利用文化力和文化创意进行营销。文化营销既包括浅层次的构思、设计、造型、装潢、包装、商标、广告、款式，又包含对营销活动的价值评判、审美评价和道德评价。在文化营销中，企业需借助于不同特色的环境文化开展营销活动，需要综合运用文化因素，制定出有文化特色的市场营销组合，其运作步骤一般分为总览文化态势、观察文化变化、捕捉文化观念、创造文化趋势、扩展文化外延，最后形成文化创意。如举办旅游商品展、旅游商品创意大赛。

第五，拓展宣传渠道，打造文化创意商品品牌形象。对旅游地文化及商品文化附加值的宣传，要广泛利用网络、报刊、宣传手册等多种手段来进行，让人们在到达旅游地的全过程，都有渠道对当地文化作具体的了解。可定期举办各种旅游商品大赛，激励文化附加值高的旅游商品的产出和销售。打造龙头企业，发挥名优企业的带动力和品牌商品的影响力。引导开发商树立精品意识，加大宣传产品文化附加值的力度，努力开拓旅游商品市场。使设计者多研究地域文化，以便使其创意、设计理念和开发思想更富有地域文化特色，创造出富有地域文化特色的精品。加快实施中国旅游商品品牌提升工程，推出中国特色旅游商品系列。

近日，国务院发布了《关于支持沿边重点地区开发开放若干政策措施的意见》（国发〔2015〕72 号文），首次在国家层面明确要发展跨境旅游合作区和建设边境旅游试验区，支持沿海重点地区的口岸设置购物免税店，这标志着中国特色旅游商品对外开放有了全新的展示平台，有了推动树立旅游商品形象新抓手。

第十一章 文化创意型旅游标识

一、标识组成与分类

（一）标识组成要素

文字——应使用中文、英文或其他文字，书写要规范、正确、工整；

数字符号——应使用阿拉伯数字；

图形符号——由图案、箭头标记、示意图等单个要素或多个要素组合而成；

颜色——不同颜色给人们的刺激作用会产生不同的视认效果，从而提高人们的视认能力。研究表明，标识颜色以黄色最为明显，依次是白、红、蓝、绿、黑等；

标识牌——质地统一，与景区特色和谐。

解说系统主要包括：文字解说、导游解说、演示解说、模型解说和景区定点解说。

（二）标识分类

从内容上分：景点标识——包括景点介绍标识、景点说明标识、入口游览导游图等；路径标识——包括路径指示标识、导游线路标识、设施指引标识、停车场标识等。

从功能上分：公共服务标识——包括顾客休息区指示标识、交通标识、公共厕所标识、求助标识、残疾人专用标识等；安全标识——如森林防火标识等各种警示牌。

从状态上分：动态标识——如解说系统，旅游吸引物解说标识、旅游设施解说标识、环境解说标识；静态标识——如各种标识牌，解说标识、指示引导标识、警示提醒标识、宣传教育标识等。

二、创意开发模式

（一）创意空间导向类标识设计

空间导向类标识在城市空间中引导指示空间路径，把空间信息传递给受众，最终到达目的地。一个成功的导向标识，使人能够快捷方便地到达所要去的目的地，相反，则会误导或者没有设置意义。随着城市规模的不断膨胀和发展，人们出行目的地距离加大，出行活动频率增加，空间导向类标识设计在城市空间环境中地位和作用变得举足轻重，对空间导向标识按其不同使用功能可作以下具体分类：

（二）路标标识

路标标识的设计主要为动态的个体提供一种空间信息符号，如同字典中的索引，人们在行动中或在寻找目的地的过程中，根据这些节点符号，了解空间并对自身进行空间定位，具有导向作用，使人不至于迷失方向，是一种信息工具提供，主要分布城市中心街道。路标的标识创意设计可以弥补城市街道中，某一区域的人性淡漠化，空间环境质量欠佳的问题，以此为出发点，也是路标设置的依据和方法之一。路标标识的造型要和所处环境的整体氛围以及人文特征统一结合。在材料的选用、颜色协调构成、路标的制作与工艺技术上要充分考虑到整体性、一致性，是整个信息系统的一个组成单位元素。是可以调整更换的动态组成部分，应易于进行组合和调整，便于即时更改标识上的内容。

（三）创意地图导览标识设计

地图导览的标识的体量相对较大，它的造型和材料素材也有较大的选择余地，可以很好地与周边环境融合，组成一个相对独立的小景观场所。地图导览标识的设计，应注意其与所在区域所标识的环境特征相融洽，可以因地制宜进行设计，体现它的造型特色和色彩构成，如一城市主题性公园的地图导览，可以选择粗犷的原始岩石、不锈钢、玻璃材质等高强度现代材料，形成材质上对比，融合不锈钢、玻璃材质等高强度现代材料进行过渡。注重地图导览和有表现力构筑形式相统一，使构筑成为场所区域的点睛之笔，成为具有高度概括力的凝聚点。

（四）方向辨识标识

它可以在空间环境中自成一体。它的功能比较单一，就是为辨识方向。一般人来到新环境或不熟悉的环境，第一空间需求就是辨别方向。有了正确的方向感才能进一步组建空间概念。它也是地图导览、路标标识的辅助标识，在地图导览和路标标识中亦包含方向的辨别符号，是二级的信息内容，方向辨别标识可以对流动速度较快的受众提供方向辨识。它既可以靠颜色力量和强化夸张的字母符号，也可以借助一些具有地标标志意义的建筑物广场、认知度高的大街等来作为方向辨识标识的辅助指标信息。如北京的城市中轴线，长安街、环线等。

（五）创意主题性场所标识设计

它在标识设计系统中属于最底端，也就是目的地所在的标识，它是山地图导览标识、空间导向类标识、方向标识连接起来，由点到线到面的逻辑关系，它既要符合静态观欣赏的要求又要满足动态信息传递要求，又集中代表着所表示主体的形象的多重功能，也就是说主题性标识在城市空间中一方面担负着信息传递角色，另一方面又是一个形象代表。成功的主体性标识设计还能为周围环境增添光彩，并能提升一个区域的整体环境质量，它不只被看作是单纯的门牌、站号、标牌，而是一种集建筑构体、艺术设计、平面资讯等内容为一体的城市空间元素，在空间信息与受众之间的沟通、人与环境之间的交流、精神与空间的融合中起着重要的媒介作用。它高度凝聚着一个场所、建筑物的特征以及能被大众接受的精神情感观念，使之既能快速、准确、有效地传递信息，又能使观众产生空间思维上的共鸣。满足受众的功能需求和审美需求，为城市提升精神文化品位。它将文字、色彩、图形、影像等信息视觉符号结合用到多种素材材质构筑的实体上，不是简单的拼凑和单纯的摹写，它包含了人们的精神力量、意念、主观情感，是所在环境空间的信息浓缩和点睛之笔。

旅游景区标识系统概念的提出，寻求它在整个的旅游景区空间环境中地位、作用以及它的设计方法论，总结当代这一领域的理论研究成果，不只是平面设计和产品设计的工作，已经列入了城市设计的内容中，把它提升到要和一条街、一个城镇的环境统一规划的高度。

第三部分

发展机制与理论研究

第十二章 文化创意旅游的理论内涵

一、“创意旅游”与“文化创意旅游”

厉无畏、冯学钢等使用“创意旅游”概念[①][②]，略去了“文化”一词。目前，“文化创意旅游”与“创意旅游”两个概念的并用状态与“文化创意产业”和“创意产业”两个概念的并行密切相关。创意产业的概念最早由英国创意产业特别工作小组 1997 年提出[③]。但后来各国的官方表述差异很大，一些国家继承英国的“创意产业”提法，欧盟、美国等还使用“文化产业”或“知识产权产业”等概念。目前中国的国家官方表述[④]和北京等地方官方表述为“文化创意产业”[⑤]。在我国，就操作角度来看，“文化创意旅游”比“创意旅游”概念更具有适应性。从厉无畏等学者所做的相关定义中，我们可以认识到“创意”一词强调的是“生产模式”，而“文化”一词强调的是产品内容与属性。无论文化创意产业还是文化创意旅游，其产品均应归结为“文化产

① 厉无畏，王慧敏，孙洁．创意旅游：旅游产业发展模式的革新［J］. 旅游科学．2007，21（6）：1–5.

② 冯学钢，于秋阳．论旅游创意产业的发展前景与对策［J］．旅游学刊．2006，21（12）.

③ 原勃，白凯．创意旅游理论及实践［J］．城市问题．2008，160（11）.

④ 2009 年国务院颁布的《文化产业振兴规划》.

⑤ 厉无畏．创意产业新论［M］．上海：东方出版中心，2009：2–23.

品”或“精神产品”，而非满足物质需求的产品。尤其考虑到旅游的本质和目的，当人们离开惯常生活环境去体验旅游时①，人们的主要目的在于“文化”而非“创意”。综合以上，“文化”概念应当具有核心地位。

文化创意旅游是用创意产业的思维方式和发展模式整合旅游资源、创新旅游产品、锻造旅游产业链，是文化创意产业在旅游领域的传承、延伸和重组，具有较高的体验性、参与性、高附加值和高连带效应。文化是创意旅游的基础，创意互动是其关键，同时它又有高流动性、依附性、不确定性等特征②。文化创意旅游显著不同于“一般旅游”，特征表现与价值所在均有较大不同。例如，在英国（创意产业特别工作小组及其工作）、美国（SOHO）、桂林（“印象·刘三姐”演出）、北京（798、新年倒计时庆典）、杭州（宋城、“印象西湖”演出）、张家界（“天门狐仙”演出）、台湾（民宿和主题酒店）等案例，涉及主题公园、旅游演艺、创意旅游设施、创意旅游活动的共同核心要素与特征；涉及文化创意旅游的游客需求中的关键要素与核心价值。另外，文化创意旅游的生产者或供给者对产品的核心动机与所赋予产品的核心价值等方面都体现得非常突出。

文化创意旅游应是为满足人们更高的精神需求而非低级物质需求而生的，即文化创意产业或文化创意旅游产业所生产的不只是知识和科技，更是精神和文化，其核心不是舞台技术，而是舞台上展现出的文化内容，由此才具有持久的价值和生命力，技术只是文化价值的实现手段③。文化创意旅游将文化视作一种发展资本要素，通过重组旅游要素实现产品的动态活化，拓展产业链；游客充分参与和体验创意，既是创意消费者，又是创意生产者，属于合作生产。其中，文化是包含了美、趣味、意义和精神慰藉价值的生活方式，是核心内容；创意是文化价值的构建与生产，是生产模式和过程；旅游是一种供需的实现方式。

---

① 金元浦．我国文化创意产业发展的三个阶梯与三种模式［J］．中国地质大学学报（社科版）．2010，10（1）．

② Richards G.，Raymond C.，Creative Tourism，ATLAS news［J］．2000（23）：16–20.

③ 王慧敏．文化创意旅游：城市特色化的转型之路［J］．学习与探索，2010（4）．

二、相关概念及理论内涵

文化是旅游发展的灵魂，它与“自然”相对，是指“人类社会中具有一定历史延续性和群体特征的行为习惯”[①]，是一种包含精神价值和生活方式的生态共同体。文化旅游一般需要旅游产品的特色文化资源在有着同样文化背景的空间上集聚，形成内容和空间的有机融合。马波指出：“旅游文化与文化旅游是两个概念，旅游文化属于文化范畴，是文化的一种，文化旅游是运动范畴，属于旅游活动的一种类型[②]。”文化创意旅游可以同时基于文化旅游资源和自然旅游资源，是一种在自然环境中展示人文意蕴的天人合一的状态。可将文化创意旅游中的文化理解为人的生活方式，专指那些美的、有趣味、有意义、有精神慰藉作用的生活内容。在旅游体验过程中，自然景观与人文精神因素实际并不可分[③]。

约翰·霍金斯认为，可以把创意简单地定义为“有新思想”，并认为这种新思想必须符合个人、原创、有意义、有用处等四项标准[④]。

“创意产业”一词最早出现在1997年，英国组织成立了“创意产业特别工作小组”，将创意产业界定为源于个体创造力技能和才华的活动，并通过知识产权的生成和取用，这些活动可以发挥创造财富和就业的潜力。“创意旅游”概念由理查德（Richards）和雷蒙德（Raymond）于2000年提出：“在旅行过程中通过积极参与、学习体验从而达到发展旅行者创意潜能的活动”。后来，这一概念的内容发生变化，由一种游客的活动特征（游客的“创意”）演变为一种产品类型或产品开发模式（产品的创意）。关于文化创意旅游的概念，国际上尚无一致的表述，国内的研究中引用较多的为厉无畏和冯学刚等学者的提法。创意其实就是一种创造性、创新性的思维实践，是人类意识能动性的具体体现，是一切创新活动得以展开的前提和基础。它既是文化发展

① 百度百科，现代汉语词典的解释为“人类创造的物质财富和精神财富的总和，特指精神财富”.

② 朱桃杏，陆林.近年文化旅游研究进展——《Tourism Management》《Annals of Tourism Research》和《旅游学刊》研究综述［J］.旅游学刊，2005，20（6）：82-88.

③ 谢彦君.旅游的本质及其认识方法——从学科自觉的角度看［J］.旅游学刊，2010，25（1）.

④ Stebbins, R. A Cultural Tourism and Serious Leisure［J］. Annals of Tourism Research. 1996（23）：948-950.

的产物，也是一种文化发展过程，更是文化发展的根本推动力①。但是，并非所有的“创新”都具有精神价值。一个文化创意产品，还应当具有我们前述的文化价值特征——美的、有趣味的、有意义的、先进的。这样的产品才具有使人类得到精神满足的功能。

在文化与创意二者之中，创意所指的是生产模式，文化所指的则是产品内容与属性。文化创意产业以文化资源为基础，创新为核心手段，现代科技为支撑，贯穿生产、传播、消费等产业过程，向消费者提供文化、艺术、娱乐等精神产品。“文化创意”是指文化发展中创造性思维的成果或现象，成果既可能是观念形态的主意、想法，也可能是具象形态的其他文化呈现。文化创意产业包括旅游和休闲娱乐行业，产品的评判标准在于文化性，而不在于新奇性。将这种有价值的文化从现实生活中抽取出来，转化为人们容易得到和享用的方式，便是创意的过程。

旅游业和文化创意产业都是关联性很强的产业。两大产业之间存在交叉，旅游业的发展也越来越注重挖掘文化和创意性，二者在各自发展的过程中逐渐出现融合和互动的趋势。文化创意之于文化旅游，不是融入后者的元素、环节或工具，而是内生于、内化为后者发展本身的文化基因，构成后者最为根本的发展驱动力和本质属性。文化创意产业与旅游业的融合过程受到资源、创意阶层、资本、政策等多种因素的影响②，其中文化是核心，旅游是形式，创意是手段。旅游业在文化创意产业的延伸和渗透，赋予了文化创意产业区更多的旅游功能，提供了更大的发展空间。文化创意在旅游业的运用，可以增加旅游产品和服务的文化性和创意性，为旅游业注入新的活力，提升旅游品质。旅游业和文化创意产业的融合发展已经成为推动文化创意产业和旅游产业转型升级、优化发展的必然趋势。

三、文化、创意、旅游的概念联系

文化为核心内容，创意和旅游为实现模式。在文化创意产业中，有创意

① 李萌．基于文化创意视角的上海文化旅游研究［D］．上海：复旦大学，2011.
② 杨娇．旅游产业与文化创意产业融合发展的研究［D］．浙江工商大学硕士论文，2008.

产业、文化产业、内容产业、知识产业等相关概念。文化产业与内容产业在本质上属于知识生产，而创意产业属于知识服务，是知识生产的一种模式①。内容产业包含了录制或提供下载的音乐、视频、多媒体服务、影视制作等。内容产业的概念提示我们，它显然不包括技术创新，因而我们的文化创意旅游的创意应当也不包括技术创新。文化创意中的文化，是为创意提供的平台与资源，包含了文化价值、生活方式等内容。或者说是一种包含精神价值和生活方式的生态共同体②。因此也可以说，文化创意产业或文化创意旅游产业所生产的不只是知识，而是精神。

再结合需求层次理论和体验经济理论，由于体验已经成为一种新的高阶的需求内容和经济形态，生产“精神”的文化创意产业自然成为当下供需两旺的发展热点。旅游本身又是一种体验，自然成为与文化创意自然结合的一个绝好的点。

综合上述讨论，将“文化”视作一种生活方式和价值观，将“创意”视作一种生产、解读和构建过程，将“旅游”视作一个供需实现平台和模式，则文化创意旅游的概念与范畴可以做重新地解释——文化创意旅游是以旅游的方式构建和输出文化价值。

四、文化资本流动性与固化机制

文化创意旅游产业高度依赖资本和创意因素，同时面向广阔的外部市场，又具有强烈的人为创造特征，而资本、人力（创意）和市场等要素又具有“流动”特征，因而造成了文化创意旅游产业的流动性问题。流动性给文化创意旅游的发展带来了巨大的困难，它导致产品的大量移植、过度开发和无序竞争，带来资本和文化的双重风险。从国内文化创意旅游产业的发展实践来看，近年来出现的“印象系列”演出产品的大量复制移植以及主题公园投资风潮以及北京的 798 艺术家群体向宋庄乃至更远的地区迁移都印证了这种流动性。可以说，产业要素的流动性是文化创意旅游发展的核心问题之一。

---

① 厉无畏，王慧敏．创意产业新论［M］．上海：东方出版中心，2009：7.

② 余秋雨．何谓文化［M］．武汉：长江文艺出版社，2012：6.

流动性给地方文化创意旅游的发展带来了巨大的困难，它导致产品的大量移植、过度开发和无序竞争，带来资本和文化的双重风险。文化、资本、智力要素及其创造出的文化创意资本如何在一个地方固化下来成为产业可持续发展的关键，应当从三个方面入手：一是强化文化资本根植性，即注意从地方背景文化中挖掘创意要素并加工成旅游产品；二是在开发过程中保持背景文化系统的有机发展；三是使新生成的文化要素有效反哺融入原有文化系统。通过以上三个方面的努力，使地方背景文化系统的一部分转化为用以开发的文化资本，文化资本与背景文化系统相融合，并通过存活着的文化系统的有机生长而更新，文化产品和要素的一部分再转化并融入地方背景文化系统，成为可投入再生产的资本要素。在上述融合、转化和融入过程中，实现地方文化资本的固化。

总之，文化创意旅游的发展应注意文化资本的固化，克服流动性带来的文化和资本风险。集中打造具有中国特色文化根植性的项目，避免西方文化旅游项目占据市场中心。从短期来看，引入西方的文化创意旅游项目有利于提高文化与服务行业的整体水平，更大范围满足游客和居民的消费需求。但是从长期来看，根植于中国文化的项目更具有可持续发展的潜力，文化资本流失的风险也相对较低。

五、保护与开发的矛盾

文化创意旅游产业中，文化保护与旅游开发的矛盾更加突出。较一般的文化创意产业而言，文化创意旅游具有游客参与生产和个性化体验的特征，因而游客更加深入地介入文化系统，文化系统也需要为旅游活动附加设置相应的功能，这种介入和附加为文化系统埋下了巨大的隐患，尤其当商业利益介入其中时，文化系统的完整性、真实性与可持续性便更加容易遭到破坏。北京前门、南锣鼓巷、南新仓等均为旅游活动进行了相应的环境、景观和功能的改造，不可避免地触动了原有文化系统。例如，原有社区结构的变化、老商户与居民联系的矛盾、房租提高影响商户和居民生存，进而改变商户和居民构成等。要保护地方文化系统，不能靠简单的禁止旅游开发，而是要控制开发的方式，掌握开发的“度”。这个“度”的最核心的思想是保持文化系统的存活。正如一个有机体，可以进行手术和整容，但不能破坏其要害部位，否则就可能造成“整容后变成另一个人”或者“出现生命危险”。保持文化系统的存活就是保证它的完整、真实和可持续性，这种开发模式可称之为有机更新模式。此外，应在旅游开发中实现文化有机更新的同时，应该把握好开发中的力度和方式。不仅提供给游客深入社区的机会，更要进行严格限制，还可以积极引导社区自治管理，稳定社区居民结构，协调社区内、社区与游客、社区与经营者之间的矛盾。

第十三章 文化价值主张地构建与输出

一、文化创意旅游发展的意义与价值

文化创意旅游带来一种新的生产和生活模式。文化创意旅游不只是一种新业态，而是可渗透于生活消费的方方面面。旅游与文化创意融合为文化创意旅游，既增加了旅游的对象和范围，又扩展了旅游体验的方式和内容。文化创意旅游往往为游客营造出一个体验空间，或者说是一种生活方式，如美国 SOHO。伦敦、新加坡等城市提出“创意城市”的理念，实际是一种生活方式的构建和输出。文化创意旅游可能成为未来人们获取幸福感的基本生活方式之一。

文化创意旅游的构建与输出文化主张，大大扩展了旅游业的发展空间甚至旅游概念本身。所谓文化价值主张的构建与输出，是指展示和传达一种生活方式和精神价值，其产品不再是一两种生活要素，而是生活本身。它以其渗透性、融合性和精神性，将旅游业的发展边界彻底打破。文化创意旅游不仅着眼于文化满足体验，更能满足人类无限的梦想，由此旅游体验的深度化、个性化、高品质和高附加值真正成为可能。一旦生活本身具有价值，则相关产品也就占据了价值的高端，也就能够为一个地方（城市、民族或者国家）带来强大而持续的感召力、影响力和竞争力。这正如古时极盛的罗马或长安、现代西方的美国梦一般，很多人一生中以去过罗马、长安、纽约为荣。

因此，文化创意旅游的发展已经超出了产业范畴，日益成为构建城市和国家综合影响力，输出文化价值的重要方式，因而不难理解伦敦、新加坡、东京、巴黎等城市把发展文化创意旅游和打造创意城市作为城市发展的战略。我国的北京等城市也具有独特文化优势，应当重视文化创意旅游在提升城市文化价值地位和综合竞争力方面的作用。

在文化创意产业中，文化是核心内容，创意和旅游则为实现模式。其中，文化价值的感知和判断基于个体，也是因人而异的。同一个文化创意旅游作品或者产品，在不同的旅游者看来，可能具有完全不同的价值。文化价值主张越明确，其市场也越明确或者越狭窄。一些作品或产品经由创作者构建出来，会在旅游者的体验过程中发生再次构建的过程，即参与生产，正如同一首音乐可能同时感动两个人流下眼泪，而两个人的心中浮现的是不同的故事，不同的感情。一个文化创意型旅游设施、街区或演出的文化价值在被再构建的过程中可能发生重大变化，进而改变原有文化生态系统。例如北京什刹海文化休闲街区、南锣鼓巷文化休闲街区、云南丽江古城等地方，西方游客带来的西方文化（咖啡、酒吧、爵士乐、摇滚乐等）从设施、休闲方式、社交方式、景观甚至本地居民文化行为等方面全面改变了原有文化基因，这几个案例最终成为中国人学习西方，西方人学习中国的一个文化融合的空间。一些中国人学会并习惯了泡吧的生活，开始了开店做旅游休闲的生意，这就是一种文化价值构建的主动与被动的问题。而在一个被群体构建的新的文化系统里，有些主体是有意识的，有些主体则是无意识的。

二、文化创意旅游构建方式

文化创意型旅游接待设施构建者，通过文化创意旅游产品构建和传达文化价值主张，游客则主要体验和消费这种文化价值，在文化价值主张的认可和交易的过程中，这种文化价值自然而然地也得以输出。

（一）文化创意旅游的价值与目标

文化创意旅游应该生产怎样的文化，应该向什么方向努力，这基于文化产品价值的判断。我们看到一些文化现象，如一味追求物质享受的生活方式感官刺激的人，其价值观和创造文学、哲学、艺术财富的人的价值观截然不同。文化创意旅游和文化创意产业一样，其生产目标都应当是有意义、有价值、进步性的文化产品。低俗文化旅游产品与人们的终极追求和人类社会的进步方向相悖，这也赋予了政府、企业和个人努力开发高品位文化创意旅游产品的使命。

什么才是美的、有趣味的、有意义的、进步的生活方式？不同的人有不同的主张。有的文化产品，人们可以通过阅读、学习、活动实践、交流、思考等方式享用，在这个过程中，文化价值得以传播。另一些文化价值的传播则需要通过到异地去体验而实现，这便是旅游的方式。文化创意旅游，是按照某种文化价值主张，在文化素材的基础上构建出来，再提供给人们体验和享用的。例如，游客在颐和安曼①体验到中国文化所追求的艺术化的生活，在一些台湾民宿找到田园生活的感觉②，都为游客构建了一个理想化的生活空间，帮游客实现了一段完整的理想生活。供需双方对这种理想的共识使价值得以传播，交易得以实现。可以说，文化创意旅游产品的构建者与消费者二者互为某种文化价值主张的知音。可见，文化价值主张的构建与输出能够作为文化创意旅游的本质内涵和核心功能来认识。文化价值主张是产品构建的动因和依据，旅游是供需实现方式，是文化价值主张的输出。当然，由于生活中那些有价值的内容与一般的生活内容实际是融为一体的，我们很难明确指出文化创意旅游的范畴边界。它不是某些具体的产品，而是一种新的、进步的、具有巨大产业意义和社会意义的发展模式，它满足人们高层次的精神需求，为人们提供理想生活，创造幸福感。

（二）基本方向

文化创意旅游具有较好的体验参与性和高附加值性。由于文化创意产业与旅游业都没有明显的产业外延，并且产业类型多且核心价值差异大，根据两大产业的特征，可以将文化创意旅游的基本模式划分为：旅游的创意化和

① 北京颐和安曼酒店是一家以中国文化为核心的文化精品酒店。

② 见台湾国立暨南国际大学林昆贤、郑健雄在《2012海峡两岸旅游观光论坛》（北京）所提交的会议论文《文化创意、生活美学与观光创新》。

创意的旅游化，其核心均是生活方式和文化观念的输出。

旅游的创意化。旅游的创意化包括旅游产品的创意附加和创意新旅游产品两种类型。旅游产品的创意附加是指在原有旅游产品的基础上附加文化创意内容以提升产品价值。例如通过产品组合方式的创意重构或对产品进行文化注入或重新解读进行新产品的开发。

如“印象系列”、禅宗少林音乐大典、长恨歌等旅游演艺作品，主要是在政府的引导和支持下，通过多种类型的文化创意表现形式，如戏曲、杂技、魔术、歌舞、动漫等，运用各种高科技手段（如灯光、舞美、舞台设计等方面），将文化创意的元素融入传统的旅游产品中，从而促进两大产业的融合发展。在旅游产品上附加文化创意内容，不仅改变旅游业产业结构，还可以延长旅游产业链，衍生出旅游产品，如音像制品、新闻出版、影视制作、住宿餐饮、工艺美术品以及制造业等产业链条，从而提高旅游产品附加值，增强旅游产业的发展与竞争实力。“印象·刘三姐”的成功，除了文化创意元素和精英艺术家的品牌效应，还有桂林山水本身作为旅游景点，具有一定的知名度，通过创意产业的融合延伸，改变了以靠门票收入为主，游客停留时间短的缺陷，从而延长了游客停留时间，丰富了夜间旅游活动，并拓展产业链，带动相关产业的发展。通过大型山水实景演出，活化了静态旅游资源，丰富了旅游产品的内容，提升了产品价值，实现产业联动效应。又如以天坛为载体进行创意设计的 2012 新年倒计时庆典活动，将文化创意与旅游产品结合起来，创意出新的旅游产品，提升了传统旅游产品的形象与旅游价值，扩大了影响力。

创意的旅游化。创意的旅游化是指文化创意产业或活动产生的产品、空间、社区等成为新的旅游吸引物，既增加了旅游的对象和范围，又扩展了旅游体验的方式和内容。其中，一种方式是简单地将创意产品作为旅游吸引物，例如北京宋庄；第二种方式是创意活动所营造出的体验空间、生活方式，如美国 SOHO。伦敦、新加坡等城市提出的所谓“创意城市”，也是一种生活方式的构建和输出。文化创意旅游可能成为未来人们获取幸福感的生活方式之一。

首先，通过文化创意形成的旅游吸引物如文化创意产业园区、文化创意产品等，通过配套服务设施的完善以环境氛围的营造，赋予其旅游的功能，以扩大创意产品消费群体，更好地满足文化型旅游消费者的需求。经过文化创意产业与旅游业的融合互补，实现创意产品的旅游功能，打造出创意产业更好的效益增长模式和可持续发展模式。文化创意产业园区主要涵盖动漫影视基地以及各种艺术创作区等形式，主要负责创意产品的设计构思、生产制作、营销推广和消费交换的价值实现，并包括创意衍生产品的开发和创意人才的培训等。文化创意产业园区具备旅游景点的优势，因而可以吸引文化型旅游者到聚集区内参观游览，亲身体验各种艺术品的设计制作过程，实现自我求知的需求。通过在创意产业园区设置游客体验区、创意产品展览区、接待区和交易区等功能区，将文化创意产业园区打造成具有文化创意特色的旅游目的地，使之具有独特的旅游功能。我国发展较好的文化创意产业园区如北京 798 艺术区、宋庄、上海 8 号桥工业园区等，在园区内举办各种与游客互动的文化创意活动如旅游博览会、艺术作品展览、时装文化节等满足游客的多方面需求，形成独特的旅游吸引力。一般而言，文化创意产业园区是一个集观光游览、休闲学习于一体的场所，具有投资大、回收期长的特点，而旅游功能的注入，可以聚集人气、吸引人流，扩大品牌知名度，从而推动文化创意旅游的快速发展。

具有鲜明文化符号的企业也注重通过文化创意打造新的旅游产品，如借助自身产品的市场知名度，突破原有经营模式的业务边界，打造具有独特文化主题内涵的旅游景点。其中比较有代表性的如深圳华侨城、迪士尼乐园主题公园等。深圳华侨城包括锦绣中华、中国民俗文化村、世界之窗和欢乐谷四大主题公园，其中世界之窗主要是将世界各地的自然风光奇观、历史文化遗迹、民俗歌舞表演等汇聚在一个园区，形成的具有强大吸引力的文化旅游景区；而迪士尼乐园主要是通过先期米老鼠唐老鸭等经典动画片的文化内容及市场知名度优势，运用先进科技手段，将动漫艺术产品完美再现，形成独具特色的文化主题乐园，这种文化创意元素融入旅游功能的模式，增强了消费者的体验感受力，形成更强大的市场增值空间。

其次，文化创意旅游为游客提供了一种新的生活方式的体验空间，其关键在于文化价值主张的构建和输出，它大大扩展了旅游业的发展空间甚至旅游概念本身。所谓文化价值主张的构建与输出是指展示和传达一种生活方式和精神价值，其产品不再是一两种生活要素，而是生活本身。一旦生活本身具有价值，则相关产品也就占据了价值的高端，也就能够为一个地方（城市、民族或者国家）带来强大而持续的感召力、影响力和竞争力。

（三）基本手段

对于设施类的文化创意旅游产品，构建者综合使用了建筑、园艺、装饰、景观小品、音乐、餐饮、活动等元素或手段，为游客精心构建了一个理想化的生活空间。

建筑设计中包含了外部景观、建筑材料、功能设计等内容，还要考虑外部环境选择、利用和营造。很多此类建筑通常具有强烈的景观特色和视觉冲击力，使游客很快地被建筑景观所吸引，并进入到“非惯常”的体验状态中来。园艺、装饰和景观小品等手段从宏观（外部）到中观（设施整体）到微观（设施的细节）方面营造氛围，促发游客体验。背景音乐、气味（如熏香）、有趣的餐食等其他手段也会发挥强化体验效果的作用。

因此，这是一种综合的、多维的经营方式，而统领它们的是构建者的理想——文化价值主张。建筑、园艺、装饰、景观小品、音乐、餐饮、活动等手段被综合使用，其核心的目的是构建一个理想的生活空间，并以此为游客提供一段完整的理想生活。在一些案例中，构建者还设计了许多活动性的内容，如散步、家庭野餐、戏水、文艺交流甚至儿时的游戏等，在设计中往往体现出对生活状态的追求，例如慢生活的节奏、天伦之乐的体会、反功利主义的行为模式等。

（四）艺术化的生产模式

文化创意旅游设施的策划者在构建一段理想生活时，综合使用的建筑、园艺、音乐、装饰、活动、餐饮等手段，往往具有艺术化的特征，使人进入审美、学习，乃至移情[①]的状态。例如，设计中特别重视某种艺术风格（各类活动空间均与日常生活和商务环境显著不同）的体现。我们也可以说，这是一种生活营造艺术——它综合运用多种艺术元素和手段，其作品是包含生活

① 邹统钎，吴丽云．旅游体验的本质、类型与塑造原则［J］．旅游科学．2003（4）．

理想的一段体验。作为艺术作品的体验者，必然也有特定的理解和认同作品的对象范围，我们也确实了解到在北京郊区的设施对于都市家庭，湖南凤凰古城对青年学生有着特殊的吸引力。文化创意旅游产品的艺术化的生产模式还体现在它生产了大量非实用的价值，例如格调、个性等因素相比档次、价格等因素的重要性要超过一般商务型度假设施。

（五）个体构建与群体构建的结合

构建者以自己的方式去构建文化价值主张，构建的过程又具有艺术产品生产的特征，因此，完整的文化创意旅游产品，应当是以个人为主构建起来的。但在一些情形下，个体的文化价值可以发展为整体的文化价值。在湖南凤凰古城和北京南锣鼓巷，大量的商家、艺术家和游客共同创造了很多文化创意体验元素，体现在大量的有个性的文化休闲吧（咖啡吧、酒吧、茶馆）、文化客栈和主题酒店、创意商品店，以其富有文化趣味的店面装饰、建筑风格、北京音乐、景观小品，为游客提供了一个创意活动聚集区。

创意活动集聚区是现代社会的一类特殊的空间，是一个特殊的社交平台，也创造和保留了丰富的时代文化信息和群众精神。关于政府在文化创意旅游发展中的作用，研究发现，在山吧的案例中，政府将整个山谷命名为“雁栖不夜谷”，这一名称被许多游客所不理解——这毕竟不是一个喧闹的夜生活区，而应当是一个宁静的家园。由于文化价值主张的个体性特征，集体创作往往使作品文化理念分散，甚至弱化，说明政府作为基础设施等公共服务的提供者，而不应介入到具体的产品创作过程之中。

（六）个体与整体，地格之构造，政府之作用

1992年，北京山吧的创建者开始寻找实现田园梦的方式，2000年，有兄妹4人在北京北部怀柔区一个山沟里建起了山吧的雏形，扩建后对外经营。随后，在山吧旁边，又一个山村田园度假村“那里”开业，之后“泰莲庭”“枫情山水”等数十家外在风格不同但内涵相似（都体现了一种从都市回归田园山村的生活方式和态度）的主题酒店相继聚集起来，整个山谷形成了一种整体的山村田园生活氛围，又在市场的推动和政府的扶持下改善了基础设施条件，形成了整体市场品牌（雁栖不夜谷）。从山吧到雁栖不夜谷的发展历程中，存在着由个体价值主张到整体价值主张的多元双向的构建过程。

在这个过程中，整个区域的自然环境载体和本地文化元素融合起来，形成了具有显著地方特征的地格①系统。其中，政府的政策扶持发挥了不可替代的作用。但是，作为一个公共思想的混合体的政府，在非常具有个体特征的创意活动中不宜过多参与细节的创作，毕竟，我们很难想象一幅书画作品能够由多个人一人一笔地去完成。

（七）文化价值的交互构建

第一，价值认知和构建动机。构建者首先是一个欣赏者，具有较为理想化和感性的特征，与地方文化和整体环境间产生了强烈的情感联系。构建者追求反现代的理想的生活方式，同时影响和引领大众的这种追求。通过文化创意产品的构建，与游客分享生活志趣和理想，并在分享中实现自我价值。构建者独特的生活经历、志趣、品位和魅力是文化创意产品吸引力的重要构成。

第二，构建方式。构建者通过文化创意产品的构建，以返璞归真的生活方式和生活内容为产品的核心。观察和访谈还发现，构建者在构建自己认知的文化价值时有一些常用的手段和方式，如建筑形式、色彩、装饰、景观小品、材质、功能区、生活内容安排，都显示了与众不同的品位。在这个空间平台，新的文化精神、内容和景观被塑造出来，并且不断地发生体验交互过程。

第三，主客关系构建。在旅游目的地中，就主客关系而言，客源地和目的地的文化在此交互作用。游客在体验的同时也在进行文化交互和创造，一些游客的文化活动被物化下来进入地方文化系统，有一些游客又变成主人。在这个文化创造和交互的过程中还有几点值得关注：

一是，一些代表性的文化创意产品（主题客栈和文化休闲吧）经营者可发挥重要的引领作用。本地居民和政府在这个过程中顺势而为，居于从属作用。外来者以其自身的文化价值认知和需求来塑造文化和满足自身的文化需求。地方传统文化成为文化创造中所使用的材料。二是，大量的个体参与到这个文化创造过程中来。其中既包括引领性的构建者，也包括几乎所有普通

① 邹统钎 . 旅游学术思想流派［M］. 天津：南开大学出版社 .2008：1.

的游客，大家以自己的方式集体塑造了文化精神、内容和景观。尤其在社交媒体发达的现代社会，这种集体互动和共建的方式发挥着巨大的力量。三是基于这种创造过程和供需模式，地方的主人和客人的地位发生了变化。从文化核心价值的认知与塑造方向、引领性构建者的来源和空间布局、文化塑造的贡献者等几个角度来看，外来者均发挥了主人的作用，更不用说许多外来者均扎根下来生活于此了。而本地人（包括政府）在此过程中只是顺势而为，参与了发展，获得了经济收益，也重新认知了地方文化。

三、发展前景

理想的生活包含了生活环境、生活方式、生活智慧等多个方面内容，可以融合多种要素，也可以表现为多样的形态。在创意构建的过程中，基于文化价值主张，各种产品元素或潜在的产品元素被创意重构和整合，产业链被重塑，并以园区、演出、景观、地标、社区等多种多样的形式展示出来，因而它可能打破旅游业乃至多种服务业的发展边界。文化创意旅游不是简单的提供文化产品，而是以一种梦想般的创意方式去满足人类无限的梦想追求。由此，旅游体验的深度化、个性化、高品质和高附加值真正成为了可能。在构建和输出文化价值主张的同时，生活方式也具有了价值，甚至构成生活的各种环境、行为和一些其他元素也都具有了特殊的价值。一个地方连同它的人民和人民的生活都可能成为人们向往的对象，具有了感召力和影响力，也能够转化为竞争力。因此，文化创意旅游的发展可以超出产业范畴，成为构建城市和国家综合影响力，输出文化价值观的途径，因而也就不难理解英国要打造创意国家，伦敦、新加坡、东京、巴黎等城市都高度重视文化创意旅游了。通过文化创意旅游，体验更有价值的文化生活，以休闲的方式体验不同城市的社会意义和文化意义，是越来越多的人们的追求。从这个角度说，文化创意旅游可能成为未来人们获取幸福感的基本生活方式之一。

文化创意旅游基于文化和自然遗产，又不拘于遗产的原有形态，它可以以创意的方式被源源不断地创建出来，发展空间是无限的。人们的需求也将随经济条件的提高而不断增长。中国拥有丰富的文化和自然遗产资源可用于开发文化创意旅游。带动一大批创意阶层迅速成长起来，发展前景十分广阔。目前，中国的文化创意旅游发展中也出现了一些突出的问题，例如主题公园和旅游演出普遍存在创意水平低、缺乏文化价值等问题，尤其是资本、创意（人才）和市场等要素的流动性特征，给地方文化创意旅游的发展带来了巨大的困难，导致产品的大量移植复制、过度开发和无序竞争，面临着资本和文化的双重风险。未来中国文化创意旅游的发展中应当特别注意以下几个方面的问题：第一是强化文化资源根植性，保持文化系统的有机发展；第二是从构建文化感召力的高度认识文化创意旅游的发展，从产业政策上加以认识和扶持，利用文化创意旅游的发展来构建并输出国家文化价值；第三是积极培育创意阶层。人才是文化创意旅游的核心要素，是未来产业（也是文化事业和社会事业）发展的希望所在。

第十四章 文化创意旅游中的文化真实性问题

一、真实性理论

自真实性概念引入旅游领域研究以来，国内外学者从多个角度进行解释说明，出现了很多概念和观点，但由于讨论的逻辑层面、情景环境等的不同，使得真实性的概念更加模糊不清，国内外学者对真实性的研究主要有以下内容：

“真实性”（Authenticity）源于希腊语，意为“自己做的”“最初的”。1973 年 Mac Cannell 在《舞台的真实性》文章中首次将真实性概念引入旅游动机、旅游经历的社会学研究中，使之成为旅游研究中的理论热点。

（一）客观主义真实性

以 Boorstin 和 Mac Cannell 为代表，把真实性当作旅游客体内固有的一种特性。Boorstin（1964）从历史角度出发，通过回忆古代精英旅游，认为在大众旅游过程中文化商品化、同质化、旅游经历标准化，旅游者喜欢经过策划的“伪事件”而不管周围的真实世界，从而助长了伪事件的发展，这种对比评价有些片面，但其对伪事件的认知和态度反映出的追求旅游客体原初性相关的真实性即客观主义真实性，唤起了学者对旅游社会学研究兴趣。

Mac Cannell 的主要理论基础是现代生活的不真实，基于 Goffman（1959）

的“前后台二分”理论，提出舞台真实理论（《旅游者：有闲阶层的新理论》，1976）；Goffman 认为前台是旅游者与服务人员接触交往的开放性空间，游客很难真实体验目的地文化，属于竭力回避的社会空间；“后台”是为前台的表现做准备的封闭性场所，常与事实、亲密、真实相连，是旅游者所追求的；Mac Cannell 认为为保证前台表演的真实性和可信度，就必须保证后台的封闭性和神秘性，因而旅游业发展了第三个区——“旅游场合中的舞台真实”，即当旅游经营者意识到旅游者寻找后台原真性时，凭借旅游行为的组织化和社会化，为旅游者提供一个经过“装饰过了的后台”，误导旅游者，而旅游者信以为真；Mac Cannell 认为这种将社会生活不真实的神秘化比前台的舞台真实危害更大。但其忽视了舞台真实对民族旅游的积极影响如强化地方文化、再建构民族身份等。

在旅游者追求真实性的能力和动机方面，Boorstin 认为旅游者都不具备，而 Mac Cannell 认为旅游者就是因为寻求真实性而出游，其对所访问的社会和文化的欣赏和融入就是对目的地社会独特的真实性的关注和追求，其他学者也证明游客是追求真实性的，如 Pearce and Moscardo（1985）和 Waller and Lea（1998）从心理学角度正名游客追求真实性，Berthe（2001）的旅游者调查也表明有较多休闲时间的旅游者会追求“真实性”。

（二）建构主义真实性

旅游客体被旅游者体验为真实时，并不是因为事实就如此，而是被当作真实性的符号和象征（Culler，1981），这仅仅是象征意义上的某种真实。Bruner（1984）认为传统的旅游体验真实性难以解释现代旅游体验现象，旅游经营者可以根据旅游者的期望、想象、偏好、信仰等设计景区与组织活动，以达到真实性的效果。Hughes（1995）认为旅游真实性是由各种旅游企业、营销代理、导游解说、动画作者等生产、制造的，不同的利益主体对真实性的定义存在差异。建构主义真实性是一个社会建构概念，其社会含义不是给定的，而是相对的、变化的、商榷的（Cohen，1988）、由情景决定的（Salamone，1997），是属于思想意识形态的范畴（Wang，1999）。

（三）存在主义真实性

王宁（1999）从游客体验角度提出存在主义真实性，指一个生命潜在存在状态可能因为旅游活动而被激发出来，所以追求真实的旅游经验主要是依靠由旅游活动激发出此种存在的状态。存在主义真实性观点不关心旅游客体的真实性，强调旅游者的主观体验，注重旅游主体本真的存在状态。尤其是在寻找本真的旅游经历时，旅游者通过参与各种各样的旅游活动，获得一种被激活的感知存在状态，从而寻找到原真的自我，且并不关心客体真实与否。当处于存在的本真状态时，旅游者会感觉自己比日常生活中的自我更加自然、真实和自由，这不是因为他们发现旅游客体是真实的，而是因为他们暂时忘却了生活中的种种压力和束缚，能够体验独特的文化，满足自己对自然回归、生命存在和真实自我的渴望。包括个人内在真实性和人际真实性。

（四）后现代主义真实性

在对旅游客体和主体的认识上，后现代主义真实性观点更为激进，抹杀了真与假的界限，认为仿真（Simulation）和虚像（Simulacrum）变得如此真实，比真实还要真实，已达到了一种超真实的境界（Baudrillard，1988）。Cohen（1995）指出不同于现代旅游者追求真实性的风格，后现代主义的旅游者追求简单地享受、娱乐和表层美，并不关心现实景观的起源和真实性问题，如美国的迪士尼。后现代主义者认为在全球化背景下，为保护边缘地区少数民族濒危文化建立民族村、“活博物馆”、主题公园等部分造假或全部虚构的景观，作为游客可观赏的替代品，是完全可以接受的。

（五）Mac Cannell 六种舞台阶段

Mac Cannell 认为游客追求真实性经验，但许多旅游布景实际上是后台区的一种场景与活动，游客获得经验的真实性难以定论，因而 Goffman 的前、后台理论不足以描述现代社会的旅游布景，认为由前台到后台是一连续性的过程，包含六种不同的社会情境：

第一阶段：为 Goffman 的前台区，游客在此社会空间内可能会想进入后台区。

第二阶段：为旅游的前台区，它被装饰成后台区，而产生一种特殊氛围。如海鲜餐厅用渔网点缀墙壁。

第三阶段：为一前台区但是完全被设计成一后台区的模样。如月球漫步模拟。

第四阶段：为一后台区，但是开放给外人。如杂志报道名人的私生活。此阶段不同于二、三阶段的后台区，因为它是不对游客开放的。

第五阶段：为一后台区，不对外开放或只允许游客偶尔偷瞄一眼。如厨房。

第六阶段：为 Goffman 的后台区，一种可使游客产生旅游意识的社会空间。

（六）旅游情境形态

Cohen 作为客观性真实性的重要研究者，认为并非所有的旅游情境都能纳入 Mac Cannell 的理论，有时事物是真的而游客认为是被舞台化的，所以可从风景的自然性和游客的印象两个方面来描述旅游情境，见表 3-1：

表 3-1　旅游情境形态

		游客对风景的印象	
		真的（Real）	舞台化的（Staged）
风景的自然性	真的（Real）	（1）真实的（Authentic）	（3）拒绝承认真实性（舞台猜疑）
	舞台化的（Staged）	（2）舞台化真实性（隐藏的游客空间）	（4）不自然的（显露的游客空间）

此外，P.F.Xie & B.Lane（2006）从真实性视角，提出土著艺术的生命周期模型，其变化和潜在复兴主要包含五个阶段：原始状态、参与增多、情境适应、复兴、变更管理、保护或拒绝。

二、旅游演艺中的真实性建构

旅游演艺中文化元素源头较广，主要是以本地特色文化为核心，集邻近文化、哲学文化、现代文化、反现代文化等为一体，它包含真实生活中所存在和缺乏的文化要素，成为创作者进行创意建构的文化元素库，也是旅游者真实性感知的必要条件，因此需要对创作元素进行深入分析，以期明确创作者真实性建构的基础部分，其主要内容如下：

（一）文化内容

1. 本地文化：核心

本地文化是创作元素的核心。旅游是游客离开惯常环境体验异质文化并实现旅行价值的重要方式，而目的地的特色文化是区别于其他目的地最根本和最重要的特质吸引力所在。旅游演艺是将旅游目的地文化进行高度提炼凝缩，在短时间内以全景化、多样性的方式，全方位地呈现给旅游者的视觉盛宴、文化盛宴，让旅游者对目的地文化能够全面、真实感知，提高旅游满意度，实现促进旅游业发展的重要作用和意义。

旅游演艺文化真实性的感知也是基于游客对目的地异质文化知识的缺乏而更容易接受，更愿意相信“她所看到的真实”。当前的旅游演艺项目中大都是以本地文化特色为核心打造的:《印象·刘三姐》中的刘三姐山歌文化,《宋城千古情》的北宋文化、白蛇传说等,《长恨歌》中西安在唐朝时唐明皇和杨贵妃的爱情故事,《天门狐仙·新刘海砍樵》中的湘西人狐相恋传说,《大宋·东京梦华》中河南开封北宋文化,《禅宗少林·音乐大典》中凸显河南禅宗和少林文化,《井冈山》阐释的井冈山地区红色文化的精神内涵,《藏谜》中藏文化的艺术呈现,《印象·大红袍》中的茶文化,《中华泰山·封禅大典》的泰山历史文化,《又见五台山》的佛教文化等，都是以演艺所在地的特色文化为核心进行打造的，这也是旅游演艺吸引力和竞争力最大的文化资本。

2. 邻近文化：补充

邻近文化是创作元素的补充。旅游演艺文化元素的提取除了本地核心文化外，为了丰富节目表达效果和创意表达内容会增添与核心文化在地域上相近或相似的文化，达到文化的融合统一，实现创新发展。邻近文化的补充，一方面丰富了演艺节目的内容，另一方面有助于其他散落文化的发现、传承和发展，促进文化遗产的保护和文化价值的创新发展。

由于文化本身具有多样性特点，加之为游客提供丰富多样的文化体验也是旅游演艺节目设计的重要标准之一，因此，邻近文化的补充成为演艺节目的重要组成部分。如《印象·丽江》以雪山为背景融入丽江周边多民族文化,《魅力湘西》集合了张家界周边地区的优秀民族文化，如桑植民歌、边城文化等,《梯玛神歌》中湘西土家族、苗族、侗族等多民族区域文化,《九寨千古情》中除川渝文化外的藏文化的呈现,《多彩贵州风》中西南地区多民族文化的综合演艺,《天上西藏》中藏文化的多个地区节庆民俗的整合等,都为整个演艺节目增色不少。

3. 哲学文化:灵魂

哲学文化是创作元素的灵魂。哲学文化具有启人心智、愉悦生命的重要作用,涉及内容广泛,从琴棋书画到诗书礼仪,无不是人们生活中、学习中、工作中的重要精神引导和心灵支撑。尤其是“以人为本”、“天人合一”、“仁”、“真”、“善”、“美”、“自然”、“生命”、“思辨”、“价值”、“和谐”“诗意”等具有理性思维和感性情怀的哲学韵味的思想观点,历经时代发展,也成为大众对自身发展和生命追问的最终基点。

针对哲学文化独有的深刻思想境界,旅游演艺以此为灵魂,将生活哲学化或将哲学生活化,贯穿节目始终,为旅游者展现出具有人本性、真实性、生命性、自然性和归属感的文化画面,从而实现对美好的、有意义的文化价值的深刻体验。如《印象·西湖》中运用写意手法融人景一体、画面唯美,《印象·刘三姐》中原生态场景的淋漓尽现,《东方霓裳》中“风花雪月”的诗意表达,《道解都江堰》中道文化的阐释和顺应自然、天人合一的艺术表达,《印象·普陀》借佛教文化中的大爱、善意、美德与自悟为主题元素表达了所有时代人类社会中的共通情感,《孔子》中体现的孔子以仁为本、以和为贵、以礼为先、以忠孝为大、以智信为怀、以情义为天的思想精髓等,“天人合一、以人为本、山水写意、真善美”的哲思感悟都凝聚在旅游演艺的每个表演环节中,让游客在感受特色民族文化的同时,也能激发起文化共鸣、生活情怀和生命敬仰。

4. 现代文化:手段

现代文化是创作元素的手段。传统文化的简单复制和陈列已经不能满足大众日益增长的文化审美需求,因此需要以现代文化为手段,运用现代化艺术手法进行创意改编、整合和提升,将传统文化价值以现代人易接受的方式艺术化呈现出来。大部分的旅游演艺节目以传统文化为基底,以现代文化为表达手段,传统与现代相融合,塑造特色民族文化表演的真实性;也有一部分旅游演艺直接以现代文化为表演内容，结合中西文化表现形式，营造视听盛宴。

时代在改变，社会在发展，文化也要创新，不论是传统文化的现代化表达还是现代文化的综合汇聚，都是对旅游演艺发展的创新推动。如《龙凤舞中华》中民族文化的表达，《印象·海南岛》中时尚、休闲、浪漫的海岛文化特色，《金面王朝》古老题材与时尚表现形式完美结合，是“爱与和谐主题的完美演绎”，《时空之旅》中西文化艺术精髓的精彩融合，《汉秀》中舞台剧、芭蕾等现代艺术文化内容的呈现，《又见平遥》表达的“诚信、仁德”的晋商精神，《西湖之夜》中魔术、舞蹈等现代艺术，《神游华夏》借助多媒体、音乐、杂技等多种方式，《老舍茶馆》中的相声、小品等，阐释“震撼、新奇、休闲、自由、愉悦”等体验概念，既传承着传统文化的精髓又创新时代发展的文化价值。

5. 反现代文化：夙愿

反现代文化是创作元素的诉求。当前社会迅速发展，物质化、无序化、浮躁、安全感等成为时代的代名词，工作和生活在都市的人们面临着巨大的压力，需要宣泄和逃离，而旅游则成为他们暂时逃离现实的最佳方式。反现代文化易造成人们精神压力、缺乏安全感、迷失慌乱等生存状态，因而人们更渴望山水意境、田园生活、简单自由、真实淳朴等生活理想。

旅游演艺作为旅游目的地文化表达的重要方式之一，也是向游客传递文化信仰和生活情怀的方式之一。如《印象·刘三姐》绿色印象部分的自然家园、蓝色印象的浪漫爱情，《边城》中湘西山水小城中翠翠和天保、傩送的爱情故事，《四季周庄》中小桥、流水、人家的艺术表达和春夏秋冬的真实场景还原，《云南映象》中原生态文化和多民族语言、舞蹈、服饰、传说的真实再现，还有传统的古老建筑、原始的生活工具、淳朴的民俗节庆、真实的美丽传说，都在诉说着与自然最接近的渔夫们、农夫们的最真实最简单的生活方式，这也正是现代旅游者所追寻的真实、自然、诗意的生活状态。

（二）建构手法

传统文化需要通过现代化的表达形式来满足大众游客的消费需求，文化精英也需要现代化的艺术手法表达创意构思。赵刘（2013）从美学角度出发，认为当代旅游演艺从视听震撼的剧场效果、真山真水的演出背景、异质文化的时空压缩、异域景观的集中呈现四个方面带给游客强烈的感官审美冲击。

文化创意旅游背景下旅游演艺文化真实性是怎样被建构起来的，创作者运用了哪些艺术手法等问题都需要进一步分析。本文根据实践调研和资料研究，以及电影、音乐剧、舞台剧、诗词、书画等的表达方式，总结出以下几种建构手法：

1. 影视创作手法

（1）象征

艺术创作的基本手法之一。创作者通常选取人们熟知的象征物作为本体，寄寓某种思想或意义，将抽象的概念具体化、形象化，创造出一种艺术意境，让欣赏者产生由此及彼的联想，增强作品的表现力和艺术效果。

旅游演艺作为类似电影、舞台剧等的表演形式，借用象征手法，可以提高表演的艺术品质，如《印象·刘三姐》中的红绸和月亮，以红绸象征涌动的旋律，以月亮寓意美好的爱情，尤其是实景演出，眼前的星星月亮和天空中真实的星星月亮形成呼应，别具震撼；《大宋·东京梦华》中最后一幕的灯笼、孔明灯、冷烟火等形成艺术美感，表现经历繁华和战争后，对如梦年代的思索和美好未来的祝愿。

（2）虚构

艺术创作的基本手法之一。艺术家通过想象、推理把现实中本没有但按情理却可能存在的艺术形象、情节、环境等构想出来。艺术虚构创造出比普通实际生活更真实的艺术典型，增强观演者的文化体验。

旅游演艺分实景类、剧场类、景区类等多种类型，对于没有现实存在核心文化支撑的旅游演艺项目，可以结合景区或目的地文化特色，选取恰当角度进行艺术创作，如北京欢乐谷的《金面王朝》以远古三星堆文明为时代背景，以舞蹈诗剧的结构形式，构想出金面女王的恢宏故事；凤凰古城的《边城》则取材于沈从文的著名小说，结合地域文化特色打造出真实自然的湘西爱情故事。

（3）还原

通过对历史故事、神话传说、民俗节庆、诗词小说甚至生活场景等的艺术化还原，有助于传承文化遗产，实现文化价值，塑造真实体验。

旅游演艺承载了丰富的文化内容，是旅游目的地各类文化的集中凝缩。还原艺术手法有助于将历史场景、神话传说、民俗节庆、诗词小说，以形象化、艺术化、主题化等的形式呈现给游客，不因时间、地点、人物、景致等各种因素的影响，从而能够全方位感受目的地文化内涵。如:《宋城千古情》再现宋宫的歌舞升平、岳飞的民族抗争、西子的美丽传说，让游客身临其境；《中华泰山·封禅大典》艺术化还原了秦汉唐宋清五个朝代帝王在泰山举行封禅大典的壮丽场景;《东京梦华》则生动再现还原了诗句“宝马雕车香满路”的艺术场景。

（4）色彩

色彩是语言、是情绪，能够与观赏者进行交流，影响人的情感态度和思维方式，如红色代表热情、张扬，蓝色代表宁静、自由，绿色代表清新、希望，白色代表清爽、简单，银色代表纯洁、永恒，等等，因而成为艺术创作中必不可少的表现方式。旅游演艺一般在室内或晚上，灯光的运用能够形成强烈的视觉冲击，根据不同主题合理搭配灯光、服装、道具等的色彩，有助于营造不同的主题氛围，完善创作者的创意表达。

在旅游演艺中最突出的色彩表现应数灯光，通过灯光的角度、范围、明暗、图案、色调等多个方面营造主题文化氛围，如《印象·刘三姐》以红、绿、金、蓝、银等色调的灯光打造各个印象主题，营造出强烈的视觉震撼力；《宋城千古情》中宋宫宴舞中红色、金色的热烈，西子传说中绿色、黄色的清新自然;《寻梦龙虎山》中瞬息万变、光影淋漓的视觉艺术效果，犹如奢华的灯会，无不增强了场景氛围和感知力，使旅游者身临其境。

（5）科技

科技的应用使旅游演艺文化内容的呈现更具震撼力、真实性和感染力。舞台情节、LED、舞台、灯光、道具、观众席等各种因素都融入科技的创新力。如《印象·大红袍》引入矩阵式实景电影，并采用全球首创三百六十度旋转的观众席，实现人在画中游的奇妙体验;《金面王朝》中500吨洪水在舞台上倾泻而出，场面壮观;《天门狐仙·新刘海砍樵》中横跨峡谷的60米高空飞桥、人狐变换的奇妙场景、逼真的漫天飞雪等场景无不令人惊叹;《印象·西湖》中西湖雨的打造,《汉秀》将传统元素与现代科技高度融合的水秀剧场以及量身定制的可移动座椅等，这些科技效果的应用都使演出更加真实、震撼和富有感染力。

2. 书画表现手法

（1）写意

国画的一种画法，注重神态的表现和抒发作者的情趣，是一种行简而意丰的表现手法，粤语中有自由自在、无拘无束之意。旅游演艺运用写意手法描绘自然和人的结合，使之具有诗意意境和印象之感，如《印象·刘三姐》中红色印象部分，创作者大写意地将山歌与渔网做组合，构成对歌的印象，表现出强烈文化情感;《印象·西湖》写意地将飘舞的人、西湖的景、真实的天融为一体，似幻还真。

（2）构图

国画术语，指根据题材和主题思想要求，把要表现的形象适当地组织起来，构成一个协调的完整的画面，具有突出主题的作用。旅游演艺每个场景的呈现基本遵循构图原色，以便提高审美愉悦，如《印象·丽江》中雪山、古道、天空、人构成一幅天人合一的意境图;《印象·西湖》中，一座桥、一场烟雨、一潭幽幽的湖，每个场景犹如一幅水墨画，优美空灵;《大宋·东京梦华》选取八首经典宋词，勾勒出北宋东京的历史画面;《长恨歌》以白居易的诗词为基础，每个场景犹如一个完整画面表达演艺主题;《禅宗少林·音乐大典》中水乐部分描绘了中国古典山水名画的优美禅意，尤其是雨景与溪流、月光与禅院、僧侣与农家、禅诗与野唱，构成和谐完美的人间生活图景。

（3）白描

中国绘画的一种技巧，也用于电影剧本创作。白描指用墨线勾描人物和各种景象特征，不着颜色，简洁鲜明地突出所要表现形象的特征。如《四季周庄》中秋景丰收，再现了水乡秋收场景，而稻谷、耕牛、老农则真实地点缀舞台;《印象·刘三姐》中绿色印象家园部分的赶集场景中，渔夫、捕鱼、浣妇、赶集、牧牛、嫁娶等场景还原了乡村生活的真实自然，形象生动，引人联想。

3. 文学表现手法

（1）移情

移情是一种修辞手法，将主观感情移到事物上，反过来又被感染了的事物衬托主观情绪，使人情和事物融为一体，能够更好地表达人的强烈感情。移情的手法包含情景交融、融情入景、情因景生、一切景语皆情语等表现形式。《印象·西湖》中断桥、烟雨、人、船、月、山、湖等构成一幅水墨画，让游客实现了一次与自然的契合、感悟和赞叹，思绪万千;《印象·丽江》中游客看着天空、白云、雪山、古道、马、人，体验生命与自然的紧密关系，感受生命的顽强与震撼。

（2）渲染

渲染是文艺创作的一种表现手法，对表达对象突出地描写、形容和烘托，以达到抒发情感、突出主题、烘托人物的效果。《边城》通过舞蹈、音乐、灯光等着重描绘翠翠的欢喜哀愁和爷爷的担忧焦虑;《长恨歌》中杨玉环在华清池的娇羞妩媚;《印象·刘三姐》中刘三姐出嫁时与阿牛哥乘船远去时缓缓消失的背影;《云南映象》中杨丽萍的月亮独舞等都很好地运用了渲染手法。

（3）联想

由景致情、有感而发，旅游演艺的文化主题、精美场景容易引发旅游者对文化、故事、传说、自然、生命、生活、人生、自我等的联想和想象，从演出中“看到属于自己的真实”，“找寻到自己的感动触点”，“获得关于文化和生命的新体验”。如《大宋·东京梦华》展现北宋都城的市井繁华，联想到当时的盛世美景;《印象·丽江》中由表演所延伸的纳西文化的悠远、自然与生命的交融、自我的欢喜悲愁的想象，等等。

（4）五感

五感——听觉、嗅觉、味觉、触觉、视觉，通过各种表达的手法和内容的呈现满足人们全面的感官体验，让游客全身心地融入演出中，增强体验感知力，更好地与山水对话。如《印象·刘三姐》中清脆嘹亮的山歌、鸟鸣声;《宋城千古情》中如丝般西湖雨的洒落;《印象·大红袍》的茶香四溢;《禅宗少林·音乐大典》中石乐部分对生命和自然的禅颂;《魅力湘西》中游客穿上土家族服装的舞动。大部分旅游演艺节目都是综合运用各种感官表达，与旅游者碰撞出心感、意感、情感，实现文化和情感共鸣。

4. 其他

旅游演艺的建构手法丰富多样，除了以上介绍的影视、书画、文学中等艺术手法的借鉴，还有其他一些建构手法，如：夸张、放大、融合、抽取、屏蔽、隐喻、互动、音乐等。这些只是根据田野调研、实地观演、资料查找等方式进行的总结和梳理，还不足以概括旅游演艺的创意建构手法，因为这是文化精英者的艺术沉淀、文化积累和创意构思的综合凝练，文章仅以此进行初步研究，希望能够对旅游演艺的发展提出有益建议。

夸大，主要是为强化演出效果，对历史故事、神话传说、民俗节庆等进行稍微放大处理，突出表现力；抽取，主要指对古代舞蹈、服饰，方言、民歌、习俗（婚嫁、生活习惯）等文化元素的提取凝练；融合，中西方、传统与现代文化元素以及虚实、动静之间等融合；互动，与观众的互动交流，如《宋城千古情》演员从观众后面走出来；《四季周庄》中水乡婚庆找观众来表演新郎，将整台演出推向了高潮；《大宋·东京梦华》结合中国的传统节日让演员们给观众送礼，比如清明送柳、端午送粽子、中秋送月饼等，让观众真正融入演出中等；音乐，与演出主题契合的伴奏、插曲等音乐形式，如《印象·丽江》回家的心灵感动，《印象·刘三姐》藤缠树的浪漫表白，《印象·西湖》印象西湖雨的优美诗意；《禅宗少林·音乐大典》的禅乐唱颂等。

（三）建构类型

创作者运用各种艺术表现手法，将目的地文化以创意化手段塑造出来，成为具有独特性、新奇性、趣味性、知识性、情感性等的文化盛宴，主要建构类型有：

1. 故事型

旅游演艺以一个核心故事为主线，围绕故事的开始、发展、结束的过程进行演绎，一般选取知名度高的、本地特色明显的、易于艺术化表达的故事作为核心内容，让旅游者在观演时能融入故事的情境中，寄情于景，引发共鸣。如《天门狐仙·新刘海砍樵》中围绕千年狐仙和樵夫刘海的一段感天动地的人狐之恋的传说故事，历经魔界与凡间的抗衡、道与情的取舍、仙与俗的矛盾等的悲欢离合的诉说，让游客感受到爱情的美好，引发感想和思考；《长恨歌》以唐明皇和杨玉环的爱情故事为主线，以诗词化表达再现相识、相恋、相离、相逢的感人场景；《金面王朝》以金面女王的传奇浪漫爱情故事为主线，通过战争、桑田、锻造、庆典、月下、洪水、祭天、幻化等表演内容，歌颂爱与和谐。

2. 场景型

旅游演艺大都选取场景、章节等形式，分段表达，每个场景都具有鲜明的主题文化内容，一般从事物的起源、挣扎、发展、繁荣等角度出发，以时间脉络或主题脉络贯穿始终，形成完整表达，但最终都归于美好的祝愿和期待。

《印象·刘三姐》中七大场景，代表不同的印象主题，形象生动全面地表达刘三姐文化；《宋城千古情》则以时间和文化脉络，将杭州的典型历史故事再现和演艺，从良渚之光、宋宫宴舞、金戈铁马到西子传说、美丽杭州，每个场景都在传递不同的文化内容和情感；《大宋·东京梦华》围绕八首宋词，意境渐次展开，从市井风情、都城繁荣、邻国来朝、战争悲壮、祝福寄托，整个演出场景是“闹”“静”交错的大写意的水墨画；《魅力湘西》基于对湘西文化的挖掘整理，通过苗族鼓舞、边城、爬楼、茅古斯舞、桑植民歌、合拢宴、女儿会、哭嫁、湘西赶尸等各个场景的再现和艺术表达，给游客提供了一场湘西文化盛宴。

3. 情感型

文化是情感的载体和表达。旅游演艺是多样文化的集中呈现，更是创作者与旅游者情感的共鸣，有对文化的信仰、对自然的敬畏、对生命的期待、对自我的回归，所以情感表达成为旅游演艺贯穿始终的重要内容，以期实现天人合一和人我合一的境界。《边城》中翠翠和天保、傩送之间的凄美爱情故事紧扣每一个观众的心，别致的湘西美景、真实的情感流露、美好的生活期待、浪漫的忠贞爱情，无不让人心生遐想，回味无穷；《印象·丽江》没有所谓的主题和具体的故事，而是通过与山、与生活、与祖先的对话来诠释三个导演对丽江的个性体验，也勾起旅游者对自然、对生命、对自我的深思；《云南映象》中原生态的舞蹈、音乐、服饰、道具和对自然、天地、祖先的崇拜，展现出的古朴真实的情感。

4. 参与型

旅游进入个性化体验时代，旅游演艺也不再局限于单纯的展演，而是更注重情境式的表演手法，让观众融入表演中，让演员走进观众中，实现彼此的互动交流，提高旅游者的观感体验。如《印象·大红袍》突出故事性和参与性，借助360° 旋转观众席，构造出大舞台视觉，游客将武夷山水收进眼底，更有穿着民俗服饰的侍女，递上一杯中国“茶王”大红袍，让观者一品芳茗;《魅力湘西》则邀请观众走上舞台，以趣味比赛的方式辨认并试穿民族服装;《四季周庄》邀请观众饰演新郎，与演员合作完成民俗嫁娶环节，使演出达到高潮。互动参与让游客身临其境，融入其中，使演出成为可观、可听、可触的真实存在，增强体验真实感。

5. 技术型

高新科技的应用使演艺活动更震撼和多样。当前各个地区旅游演艺活动中在舞台、道具、灯光、观众席、音乐、环境保护等方面最大程度地使用先进科学技术，或世界最长的舞台、或国际顶尖音响系统、或世界最大的舞台灯光系统等，一方面增强演出效果，营造真实的场景和氛围，引导游客探索和思考，使之获得体验上的真实感；另一方面成为演出本身的亮点。如《汉秀》通过音乐、舞蹈、杂技、体育竞技、特技动作等多种表演形式有机结合，通过升降座椅、舞台特效设备等实现在空中、水池及地面上全方位地展现水秀演出节目;《时空之旅》融杂技、舞蹈、戏剧、音乐和多媒体技术于一体，电子投影、数字舞台、巨型镜墙、超大水幕等先进技术营造的如梦似幻场景，让游客倍感新奇、震撼。

6. 理想型

旅游演艺是创作者个人生活理想的寄托，也是大众文化信仰情怀的表达。当前时代背景下，人们渴望回归自然，寻求真我，而旅游演艺以目的地文化为特色，借势表达对山水自然、对生活、对人生的情感，其中包含对美好生活的向往。《禅宗少林·音乐大典》通过水乐、木乐、风乐、光乐、石乐篇章对禅宗文化的演艺，使游客体验禅悦，从纷繁俗世回到精神故乡;《印象·西湖》通过西湖山水印象的创意表达，实现创作者、旅游者和自然的亲近;《寻梦龙虎山》以创作者对自然的崇敬、寻梦的过程和情怀为思路，表现人在自然中对自身的追寻，以及天人合一、仁者爱人的理想观念。

旅游演艺是多种类型的杂糅。创作者基于目的地文化和个人价值主张，将主客观因素融入进演艺活动中，注重文化真实性的创造性表达，体现天人合一的艺术感染力，见图 3-1。

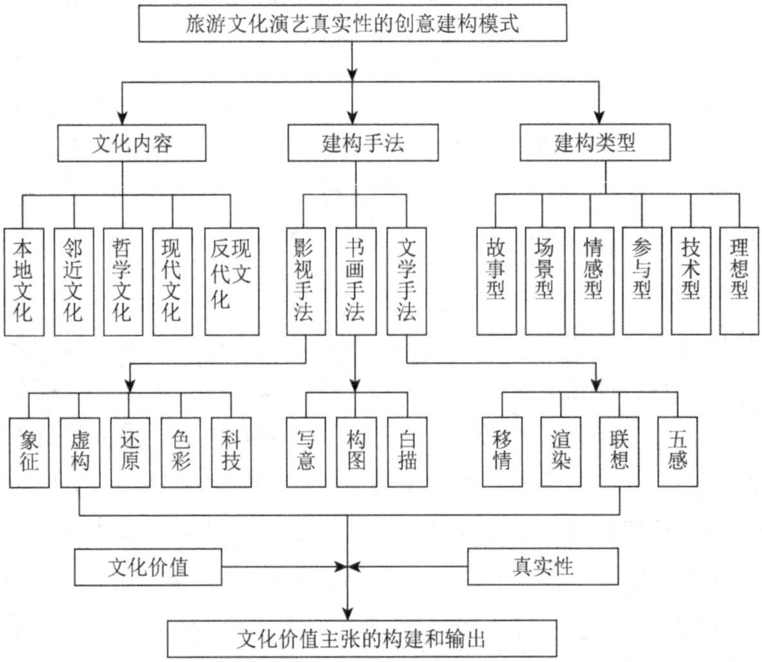

图 3-1 旅游演艺文化真实性的创意建构模式分析图

三、文化创意旅游中文化真实性的变化、建构与传达

（一）真实性内涵的变化

真实性概念本身是一个变化发展的过程，自 1973 年麦肯诺将其引入到旅游人类学和社会学研究领域以来，出现了客观主义、建构主义、存在主义等观点，从以客体为标准到注重主体感知，从信念层面到哲学层面、文化层面，讨论的基准和层次均在变。真实性即使还没有统一的概念界定和清晰表

述，也不否认真实性存在的意义，因为时代在变、事物在变、市场在变、生活在变、主体在变、需求在变。真实性从最初的客观物体的原本性发展到人们自我感知体验的价值性，说明真实性是存在的，这源于人存在的本真意义（体验不同、回归真我），也源于不同时段针对的对象不同和代表的内容不同，如原来社会的内容和形式较为简单，人们生活或旅游追求的真实性较易呈现和获得，人们的观念和期待价值也较易淳朴和自然友善；现代社会，尤其是大众旅游阶段，人们生活在组织化、官僚化、复杂化的网络中，出现许多原来社会活动中没有的所谓真实性问题，人们的体验和面临的环境不同于以往，于是由于种种原因，出现了舞台化真实、商品化产品、建构主义等各种内容，如厨房，以前被视为后台，现在却是用来展示的后台，以增加人们对于物品真实性或满意度的评判。

真实性问题与旅游业的可持续发展间存在密切联系，因为真实性的核心问题是关于旅游资源的开发与保护问题。自麦肯诺提出舞台化真实理论后，随着旅游业的发展，出现许多舞台化的旅游产品，旅游演艺以其文化展演内容的丰富性、形式的多样性、游客体验的个性化等，成为舞台化真实性各种矛盾最为集中和突出的典型代表。尤其是文化保护者、批评者们对这种随意描绘和表达、扭曲、破坏文化本来面貌，削弱文化真实性内涵，误导旅游者传递错误文化内涵的行为加以批判。社会在不断发展，文化需要保护和发展，一味固守，不一定有利于文化的传承和创新发展，因此，我们要用辩证的观点看待舞台化、商业化与文化真实性的关系，不能一概而论，要看到商业化具有一定的价值意义。

（二）舞台化与文化真实性

舞台化真实性的研究由初期的注重舞台化转为当前的关注真实性。舞台真实来源于现实生活中的真实，但并不等于原生文化本身的真实，它通过艺术加工、提炼，使原生文化更加真实即“艺术的真实”。当前，大部分的旅游演艺产品都是对原真文化的舞台化表达，因环境、创作者、表演者等各种因素影响，质量参差不齐、真实性表达程度不一，但不能就此如麦肯诺那样否定舞台真实。

对民族旅游而言，以舞台真实为主要特征的旅游表演活动在一定程度上会强化地方文化的真实性，有利于传统文化、民族身份的再建构（Deepak，2003），甚至文化复兴。随着社会的发展，原来文化的存在状态、内容和表现形式已不适应现代人的旅游审美需求，单纯的展示或任其自由散落也不利于民族文化的保护传承和发展创新，加之大众旅游阶段，也不可能让所有旅游者深入“后台”寻找体验文化，这对受时间、成本等限制的旅游者来说难度较大，更易造成“后台区”民族文化的破坏，因而需要借助舞台化的形式，通过创意构思、现代高科技技术和艺术形式，最大程度地再现民族地区文化特色，向外界传递信息和影响自身文化内容，实现舞台化的真实性，这涉及文化真实性和表演真实性综合模型（吴忠才，2002），如民俗节庆、婚俗表演、歌舞演出、手工作坊演示等均属于舞台真实，其表演的时间、地点、氛围等不再符合其本来的文化内涵。

舞台化真实性要有“度”，不能偏离原真的文化内核。旅游演艺中如《印象·刘三姐》中的漓江山水、刘三姐山歌、渔夫、采茶等，《魅力湘西》的桑植民歌、土家族祭祀舞、吊脚楼等，《印象丽江》的玉龙雪山、茶马古道、丽江古城、纳西族文化等，《云南映象》的多民族舞蹈、神鼓、歌谣、祭祀等，《宋城千古情》的良渚古人、北宋历史、梁祝和白蛇传说、江南烟雨等，有真实的文化依托也有虚构的文化融入，各种文化元素的综合融入和全景展现，浓缩了地域文化精华，使旅游者能迅速、全面、深刻地感受目的地的自然风情和人文内涵，营造出震撼心灵和启迪生命的真实感知体验氛围，从而构建起目的地与外界或旅游者的文化共享平台，实现文化创意旅游所要传达的核心内涵，这种新文化的创造也会逐渐被接受为传统和真实。

（三）商业化与文化真实性

旅游业开发的商品化与文化真实性不是一对不可调和的矛盾。文化发展具有动态性。保持文化的真实和完整是必要的，但文化自身也要发展和延续，不能因为保护的需要而原地不动，如果没有旅游文化的商品化，民族文化中值得保留的东西会在外界文化的冲击下逐渐褪色消失，而有原则有方向的文化商品化不仅保护了这些文化内容，还可以通过吸收外界先进文化实现自身提升发展，促进民族文化真实性的发展和延伸。另外，商业化的文化产物可能产生自然生成的真实性，随时间演变，成为一种真实的文化产物，具有新的内涵（科恩 1988），如丽江大研古镇，在商业化旅游开发的背景下，古城内除了环境、建筑和空间具有原来真实性外，纳西族文化的本体承载如当地居民、生活方式、民风民俗等都已消失殆尽，取而代之的是现代时尚的、西方的、其他民族的文化，游客用自己的体验感知，建构出独特的体验空间，而这种文化真实已远离真正的纳西文化的真实。随着社会发展，这种创造出的真实对未来游客来说又是真实的。因此，商品化在一定程度上也创生了新文化、新的真实性。

舞台化与商品化对文化真实性的影响具有类似之处，对于依托真实客体进行创意整合的舞台化展演方式对文化真实性的影响在此不再重复介绍，主要分析没有现实客体依托，完全是旅游商业化开发背景下产生的、以虚构或重新创造的方式而存在和发展的文化真实性。如迪士尼，借助动画形象影响力的优势，进行设计和安排，通过特定的主题、灯光、空间、器具、机械、活动等营造出一个虚拟的真实世界，这种非真实的布景让游客体验到了真实的欢乐（杨振之等，2011）；又如凤凰古城的旅游演艺《边城》，取材于沈从文的著名小说《边城》，围绕小说中翠翠、天保、傩送的凄美爱情故事，结合湘西特有的民族文化、自然山水，打造出的实景演出，虽在现实中没有故事原型，只存在于人们的意识和回忆中，但通过灯光、音乐、表演、环境等各种元素给游客创造出真实的体验，被感动并相信这是湘西文化特色的一部分，这是旅游演艺以文化创意旅游的形式创造传统文化新价值的重要表现。所以，商品化不一定是贬义词，旅游导致的商品化不必然导致文化真实性的破坏，关键在于找准商品化和文化真实性之间的平衡点。

（四）真实性与文化价值的统一

1. 真实性的相对性

文化处在不断变迁中，每个阶段都有新的文化融入其中，传统并不是一成不变的，也可以被再创造，并且真实性受时代背景、旅游发展、游客体验等多种因素的影响，其内容和基准在不断变化，真实并不等于原汁原味，真实也可以被创造和发明，因而文化的真实性是相对的，如仿唐宋明清等古建筑，随着历史的演变也会成为真实的文化。另一方面，文化通过创意以新的产品形式面向游客，游客体验为真或获得满足感，则不能说这个产品是假的，如迪士尼所构建的虚拟的真实世界，是人造的产物，它带给游客真实的体验，因而就不能称其为假，而且一段时间后，它会成为地方文化的一部分;《边城》中的爱情故事和《印象西湖》中的白蛇传说，在游客的先期认知条件下如湘西文化和西湖文化，经过旅游演艺的形式呈现出来，让游客从中能找到自己所了解的真实，就会感觉这就是发生在这里的故事。

2. 真实性与文化价值性的统一

建构主义中的文化真实性只是旅游客体被当作真实性的符号和象征，而并不是事实如此。虽然是假的，但假得有价值、有道理，这就显示出虚构的价值来，通过创意建构为文化注入一种新的文化精神，即自然的、美好的、有启示作用的、有生活慰藉作用的文化内容，使之更契合现代人的旅游需求，从而引起更大的文化共鸣，实现旅游的价值。

3. 文化价值主张是真实性建构与文化产品开发的核心要义

文化创意旅游中，文化是资源基础，也是核心价值所在，其中包含有用的、美好的、有精神启示作用的核心价值；创意是一种构建方式，不是文化资源的简单排列，也不是简单的真假问题，而是对有用的文化资源进行艺术化的塑造和重组；旅游是一种形式和载体，实现文化的传递、分享和满足感。

文化创意旅游的核心内涵是文化价值主张的构建与输出。旅游演艺作为文化创意旅游的重要产品形式之一，具有文化创意旅游的基本属性和构建模式特征。构建者以自己的方式建构文化价值主张，通过旅游演艺的方式传递给旅游者，实现文化共鸣，即对自然、美好、生命和自我的思考追寻，从而实现旅行的意义。导演王潮歌曾说《印象·大红袍》是借茶说山、说文化、说生活；樊越认为《印象·丽江》是让观众能通过自然和规定情景把自己的情感释放出来;《寻梦龙虎山》的主创团队也是立足本地文化，以艺术家对山水的崇敬、艺术家寻梦的过程、艺术家的情怀为创作思路，找到中国传统文化与旅游者的结合点。由此看出，旅游演艺是一种生活理想的构建和分享，也是创作者和旅游者的文化共鸣。

第十五章

文化遗产价值的现代实现

一、问题与案例背景

遗产地文化可区分为理想的地方文化、现实的地方文化、现实的外部文化和异化的外部文化。本报告选取凤凰古城为案例，探讨文化创意旅游开发对遗产地文化的影响及其在重建遗产文化价值方面的作用。

中国一大批古城（村、镇）和历史文化街区经历了旅游开发的热潮，同时引起了很多方面的反思，涉及文化保护与传承、社区利益协调以及真实性问题等，对文化遗产的过度商业化发出了警示。其次，文化创意旅游近年来在此类文化遗产地蓬勃发展起来，在北京南锣鼓巷和南新仓、桂林阳朔西街、丽江古城等遗产地，发展出创意产品和设施（文化主题酒店等）、创意景观、演艺活动、创意商品和节事等具体形式[①②]。此类开发基于文化创造文化价值，但也有过度商业化的倾向，并且改变着遗产地的文化。它既是一种值得警惕的现象，同时又展现出强大的生命力和显见的价值，值得我们对此进行客观

① Richards G, Wilson J. Developing creativity in tourist experiences: Ssolution to the serial reproduction of culture［J］. Tourismmanagement. 2006，27（6）：1209–1223.

② 王欣，杨文华. 文化创意旅游产业发展模式及北京市发展对策研究［J］. 北京第二外国语学院学报，2012，（11）：30–35.

和深入的研究。

以凤凰古城为例进行分析。凤凰古城是中国历史文化名城，近年来成为中国最热门的古城（镇）型文化遗产旅游地之一。凤凰位于曾经极其闭塞的湘西地区，苗族和土家族占县域人口的多数。古城有保存完好的清代城墙和门楼体系，城内街巷与民居建筑也总体保留着湘西地方风貌。2000 年以来，伴随着游客和经营者的涌入，在凤凰古城内尤其是城北的沱江两岸，出现了酒吧、文化客栈和创意商品店，它们基于遗产文化元素却又富含现代创意，经营时尚休闲文化，古城的面貌和文化活动内容发生了巨大的改变。

就一般的认识而言，凤凰古城正经历旅游开发带来的商业化和现代化，地方传统文化势必被强势的外来文化所异化，进而减损遗产的文化价值。从另一个角度观察，文化创意旅游的经营者以对文化遗产的解读为基础，以现代人所需要、接受和喜爱的方式表达出遗产的文化价值。使文化遗产的价值得到现代条件下的解读和呈现，并使更多人得以认识和享用，显然具有文化上的正面意义。

本研究旨在客观和深入地了解关于此类开发的几个问题：第一，传统文化究竟发生了怎样的变化？第二，经营者对传统文化做了什么，又带来了什么？游客从地方文化系统中得到了什么，产生了什么样的作用？

文化遗产具有多样的形式，其包含的文化价值信息往往也十分丰富和复杂。它包括历史、建筑与纪念品、思想、价值与信仰、艺术、生活习俗、传统节事以及人为改造的自然景观等类型[①]，一些具有物质形态，一些则为非物质形态。其价值包含了使用价值、历史价值、科学价值、艺术价值、经济价值、社会价值、情感价值、哲学价值等方面，是一个复杂的整体[②]。这种复杂性尤其体现在它所包含的精神层面的内容，例如关于生命的智慧与思考以及对于现代社会生活的一些启示。这些无形的内容构成了遗产文化价值的重要环节，也为从整体性保护和利用好文化遗产提出了重要课题[③]。

由于这样的复杂性，在现实的条件中人们往往表现出不同的价值认知和

① Javari. Encyclopedia of Tourism［M］. London：Routledge. 2000. 275.
② 崔敬昊 . 北京胡同的社会文化变迁与旅游开发［D］. 中央民族大学博士学位论文，2003.
③ 张松 . 历史城市保护学导论［M］. 上海：上海科学技术出版社，2001. 147-151.

利益诉求，各种矛盾层出不穷。各种实践和研究在保护、管理、开发等方面做出了多方探索，例如将遗产保护和旅游经营分开来，并照此思路进行遗产管理模式的改革[①]，或者将遗产资源与旅游资源明确分开，强化文化的社会文化功能，审慎控制旅游开发[②③]。但实践也表明，文化遗产的保护与开发并不能以简单的模式去划定，必须因地制宜。

中国文化遗产保护与开发大体包括了文物保护单位、历史文化街区、历史文化名（村）镇、历史文化名城、大遗址等不同类型。相应的法规、政策和研究也高度重视遗产价值的整体性，如对于单体文物保护单位，强调了应重视对无形的文化信息和物质形体的双重保护[④⑤]；对于历史文化街区、历史文化名（村）镇、历史文化名城等，基于其文化信息的异常丰富性，强调了对其蕴含的价值和精神的整体保护与利用[⑥]；对于历史文化名城，我国也经历由单纯的保护修缮到系统的科学利用的转变，博物馆式的保护方式已被摈弃，取而代之的是对于文化价值的继承和发扬，这与国际上的《雅典宪章》《保护非物质文化遗产公约》等相关文件的精神也是一致的[⑦⑧]。

文化创意产业为遗产的开发利用带来了新的发展，与旅游业相结合，创新了资源整合利用和产品打造模式[⑨]。联合国教科文组织全球创意城市联盟（UNESCO Creative Cities Network）给出的创意旅游的定义为："参与导向的、真实体验旅游地的艺术、遗产或特色风情的旅行"[⑩]。文化遗产与文化创意旅游有着天然的关联。对于文化遗产而言，文化创意旅游的突出功能和意义在于，

---

① 王兴斌．中国自然文化遗产管理模式的改革［J］．旅游学刊，2002，（5）：16-21.

② 谢凝高．"世界遗产" 不等同于旅游资源［J］．北京规划建设，2001，（6）：58-59.

③ 尹国蔚．世界遗产旅游教育功能的认知与实践［J］．世界地理研究，2009，（12）：173-176.

④ 程华宁，黄安民．论民俗风情与文物古迹两种旅游资源的保护模式［J］．北京第二外国语学院学报，2005（1）：52-57.

⑤ 朱光亚，杨丽霞．历史建筑保护管理的困惑与思考［J］．建筑学报，2010，（2）：18-22.

⑥ 陈艳．古镇遗产分类及资源型古镇的保护性利用模式初探［J］．东南文化．2012（1）：35-40.

⑦ 赵中枢．中国历史文化名城的特点及保护的若干问题［J］．城市规划，2002，26（7）：35-38.

⑧ 赵中枢．从文物保护到历史文化名城保护——概念的扩大与保护方法的多样化［J］．城市规划，2001，25（10）：33-36.

⑨ 厉无畏，王慧敏，孙洁．创意旅游：旅游产业发展模式的革新［J］．旅游科学，2007，21（6）：1-5.

⑩ http：//potal. unesco. org/culture/en/ev. php-URL_ID=35257&URL_DO=DO_TOPIC&URL_SECTION=201. html.

它一方面立足于文化资源，以文化为核心，以创意为生产模式，以旅游为文化体验方式①，另一方面，它更加注重产品的动态性，游客的体验活动更加具有参与性和体验深度②，这对于普通游客真正深度地贴近与接受文化遗产，并获取文化价值具有重要的现实意义。

二、文化系统的构成及其存在状态

（一）文化遗产构成及利用方式

凤凰的主要文化遗产集中于古城城墙范围之内及城北沱江两岸，包括物质形态的城墙和门楼体系、民居建筑及道路、桥梁、名人故居、墓地、博物馆等，还有非物质形态的民族歌舞、节事与风俗、服饰、饮食、音乐、语言等。目前，主要物质形态遗产保护完好，名人故居开发为参观点，古城内部主要街巷两边和城北沱江北岸民居大多开发为客栈、餐厅、商店等商业业态，沿江有整体的夜景灯光系统。沿江一线的建筑保留吊脚楼建筑风格，但建筑结构和业态功能已完全不同于传统建筑。在非物质文化遗产方面，以姜糖和木槌酥为代表的小吃、以牛杂米粉和血粑鸭为主的饮食、以银器和布艺披肩为代表的饰品均开发充分，遍布古城。天下凤凰篝火晚会集中展示和体验地方歌舞、音乐和节事风俗，泛舟沱江是最主要的活动类项目，由政府统一经营。另外，沿江两岸有 10 多家个体经营民族服饰照相业务。

（二）旅游开发与文化遗产的关系

古城北侧，以沱江北岸为核心，从凤凰大桥到虹桥约 400 米范围的两岸，另外包括老营哨（约 200 米）和回龙阁巷（约 350 米），是古城旅游开发的核心区，景观最好、游客最集中、消费水平最高，聚集了最具代表性的主题客栈、文化休闲吧和创意商品店。这三大业态也成为核心区的主业态，区内共有 500 余家店铺，文化休闲吧、主题客栈、创意商品店和其他业态（餐厅等）大体为4:3:2:1的分布比例。尤其在晚间19：00~21：00之间，酒吧开始热闹起来，音乐弥漫沱江两岸，夜景灯光绚丽辉煌，现代时尚氛围与独特的地方景观相融

① 王慧敏．文化创意旅游：城市特色化的转型之路［J］．学习与探索，2010，（4）：122-126.
② 冯学钢，于秋阳．论旅游创意产业的发展前景与对策［J］．旅游学刊，2006，21（12）：13-16.

合，场景独特而震撼。核心区向外，业态迅速变化，餐饮、特产店和本地人经营客栈（实际就是一种家庭旅馆，不具有文化创意特征）成为主业态。

观察发现，旅游开发与文化遗产有以下关系：

第一，旅游开发基于文化遗产，但在空间上两者的范围并不完全一致。文化遗产主要集中于古城城墙之内，而旅游开发的核心区在于城北沱江两岸，遗产中的城墙和门楼成了旅游活动的“背景”，旅游开发更加看重水景及其提供的游憩活动空间，老营哨和回龙阁两条街巷则因其不属于严格管控的遗产文物而成为开发投资的重点。

第二，文化创意形态的旅游开发不完全依赖于文化遗产的实体存在。核心区不仅为古城提供住宿和休闲设施，一些高质量的主题客栈、文化休闲吧和创意商品店还直接发挥着旅游吸引游客的功能，使该区域成为游客活动最为集中的区域。对于很多游客，文化创意产品（或设施）一定程度上也能替代文化遗产（分析依据参见后文）。

另外观察发现，核心区的外来元素更多、文化和资本的注入密度更高。最具代表性（综合网络评价、消费价格和装饰水平）的产品均集中于核心区，且均为外地投资者经营，核心区外围的客栈等设施才多由本地人经营。可见，文化创意旅游的开发对于资本、人力资源和文化理念的要求很高。

（三）文化系统及其交互平台

如前所述，我们将凤凰古城城墙内部和城北沱江两岸旅游开发集中的区域定义为古城，将除此之外的县城的其他区域定义为新城，进行对比分析。大致上，新城受到旅游开发影响较小，从另一个角度说明旅游开发对地方文化系统的具体影响。

观察了解到，在新城区域，旅游现象较少，仅主要道路干线分布有较多的宾馆和餐厅。居民建筑新旧杂陈，不存在整体风格。居民服饰也与汉族市民无异，仅少数老年人穿着传统的蓝色布衣。街道环境一般，沿街分布的各类设施和店铺也均无特别之处。乡村地区的风貌相对原始，有不少老旧的房屋，卫生状况不佳。整体看起来，凤凰县城就是一个普通的小城镇，只是显然比东部地区更加落后。这里看不到显著的传统文化系统的存在。而在所谓古城，基础设施更加完善，环境整洁，商业繁荣，充满时尚元素，既充满传统文化气息，又具有现代性和时尚性。可以说，古城既传统也现代，是一个异化的文化系统。新城则并不存在一个完整的传统文化系统，新城早已随时代开始了现代化和商业化的进程，但那不是旅游带来的。旅游开发不等同于商业化和现代化。

既然新城早已丧失完整的传统文化系统，古城的文化也被异化，那么游客追寻的和经营者所构建的那个理想的凤凰文化究竟在哪里？且看我们的进一步分析，见表 3–2。

表 3–2　对凤凰文化认知的分析

材料来源	原始材料	现实性
游客留言	多少次在梦里见到凤凰的青山绿水，小桥人家，见到翠翠的音容笑貌，感谢凤凰，成就了我的梦想。	想象中的景观与文化；文学等信息的构建
游客留言	凤凰，总是一次次地想要来。已经不再神秘，但依旧美好。我喜欢在这里，发呆、听音乐、释放自己。	理想与现实的差异；个体构建
游客访谈（北京女教师）	就这样坐在水边感觉就挺好的，跟这些年轻人在一起，慢慢度过时间。这里离城市比较远，青山绿水好风光。	反现代性、反城市化
沈从文《边城》题记	我所写到的世界，即或在他们看来全然是一个陌生的世界，然而他们的宽容，他们向一本书去寻求安慰与知识的热诚，一定使他们能够把这本书很从容地读下去的。 二十年来的内战，使一些首当其冲的农民，性格灵魂被大力所压，失去了原来的质朴、勤俭、和平、正直的范型以后，成了一个什么样子的新东西。 这个作品或者只能给他们一点怀古的幽情，或者只能给他们一次苦笑，或者又将给他们一个噩梦，但同时也说不定，也许尚能给他们一种勇气和信心！	文化的精神作用；文化传统的丧失；基于现实需求的理想构建

通过分析可以看出，即存在一个理想中的凤凰文化（或更大范畴的湘西文化），它根植于传统文化，但实际与之不同。由于受现实与时代的影响，地方文化系统实际处于不完整的和不断演变的状态，完整和理想的状态并不存在。由此，我们可以将所谓的凤凰文化分为 4 个范畴去认识：

第一，理想的凤凰地方文化。基于地方传统元素，以理想和人们的精神需求构建起来的文化系统，大体包含美、真实、安宁、反功利性等特征。就目前而言，它主要被人们赋予了反现代性的理想诉求。也因为如此，越是生活于现代都市的人，对其理解越深，需求越强烈。

第二，现实的凤凰地方文化。其中含有源于历史的建筑、风俗、饮食、人物事件等因素，但又有时代和现实带来的新的因素和不协调的因素，不是一个完整和纯粹的系统状态。其存在状态是一个事实存在。

第三，现实的外部文化。即当前中国现代化和城市化条件下的文化，也是大多数游客和文化创意旅游经营者的背景文化。其功利、冷漠、物质化特征引发出了对于反现代性的文化的需求。

第四，异化的外部文化。即在凤凰活动的外来人的文化心理和行为。人们在凤凰古城，展现出放松、愉悦、开放的状态，被激发出特殊的精神状态，参与到许多日常生活中难得的活动，也参与到理想文化的构建中来。这时的游客，是在做一个理想的自己。

凤凰古城，在一个有限的空间之内，形成了一个文化的交互构建平台。现实的地方文化中的精华部分被集中到平台上，并被精心保护和展示出来。以文化创意旅游设施经营者为代表的构建者，有意无意地构建起理想的凤凰文化系统。理想的凤凰文化同时源于地方文化元素和外部文化的作用，以人们需求的方式被塑造出来。外来的构建者和游客共同参与理想文化的构建，并不断地创造新的文化景观、内容和价值。

尤其重要的是，在理想的凤凰文化的塑造过程中，起决定性作用的不是地方政府或少数开发商，由于历史的原因，它是一个有许多构建者（许多也曾经是游客）和游客自发的、开放式的集体构建过程。这使凤凰成为一个独特的文化现象，见图 3–2。

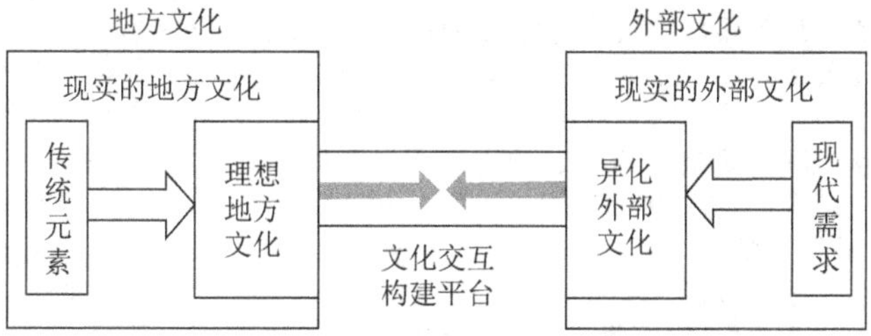

图 3–2　凤凰文化系统及其交互构建平台分析

三、文化价值的创意构建与体验交互

（一）文化价值的创意构建

在前述的理想的凤凰地方文化的构建过程中，大量的构建者，特别是一部分代表性的外来经营者发挥了引领性作用。如最早建立的根据地酒吧以及凤凰古城如初见文化主题客栈等，不仅通过网络对青年人理念产生了巨大的影响，而且带动了同类设施和产品的聚集。经营者对于凤凰文化价值的认知以及构建的动机和方式，可通过扎根理论并结合田野调查进行分析，见表 3–3。

表 3–3　凤凰古城文化价值的认知与构建的扎根分析

材料来源	原始材料（示例）
1 “纤�小筑”客栈店主自述	第一次来凤凰古城，是应朋友的邀请来开一个会。映入眼帘的是一座青山抱古城，一湾沱水绕城过，一条红石板街，一排小巧吊脚楼，一道风雨古城墙，一切都美到极致。在此遇到了一生中的最爱，那时的她还是个大学生，那样的青涩，那样的纯真，那样的美丽，让我想要去保护她，直到永远。美丽的凤凰古城更是让我们有了完美的邂逅，也从此对这座古城的爱再也停不下来了。我们要留下来，留下来见证更多的爱情、亲情、友情！希望来自五湖四海的朋友们都能在凤凰邂逅爱情，更能够在我们这个充满爱与浪漫的港湾让爱情得到升华。
2 “我的客栈”店主自述	一直以来自己都是个很随性的人，一路走走停停。画画出身的自己干过许多与专业不搭边的事，搞过艺术，也被艺术搞过。一不小心已到而立之年。某年某月的某一天走到了凤凰，或是她，又或是古城美丽的风景让我产生了留下来的想法，于是就有了今天和大家聊天的机会，我有很多的故事，希望亲们能常来常往，我的故事会是你们的下酒菜，让我们一起尝着我的私房菜、喝酒、唱歌、聊天，在“我的客栈”找到不一样的自己。
3 “邂逅”客栈店主自述	婷子大三时突然有了去翠翠故乡看看的想法，却没料到，这看一看最终变成了扎根落户。其实这事还得怪那个在酒吧上班的小三。婷子泡吧时，小三就带着那一脸骗人的天真无邪忙来忙去，帮婷子开红酒，弄了半天，把瓶塞弄烂了（后来据小三所说，那是要留给婷子多点观察他的时间），趁这个莫名其妙的机会，两人结识了。终于，在小三不断的色诱加威逼下（其实还是因为凤凰的美丽与舒适惬意啦），婷子的大四时间基本上就留给了凤凰，毕业了，索性就留下来，把这个一段老掉牙的关于邂逅的故事赋予邂逅客栈，希望与千千万万的大驴子小驴子们分享关于凤凰关于邂逅的故事。在喧嚣尘世找一个未被污染的纯净空间，爱一个人，过一辈子。

分析发现：

第一，构建者主要从自身的精神需求来认知凤凰的文化价值。凤凰作为一个既有文化底蕴又有青山绿水的美和反现代性的特征，为人们提供了实践理想生活的空间基础。

第二，经营者对生活理想的自我实践和分享是其构建行为的主要动机。经营者首先是一个游客，是文化的追寻者和体验者。他们往往具有理想化的性格特征，其理想与地方文化元素相结合，又通过创意手段，在一个局部空间内表达出一种文化价值主张——即一种包含了精神价值的生活方式[①]。其经营活动很大程度上具有文化的体验和分享性质，而非纯粹的经济意义。

第三，构建者综合采用多种环境艺术手段，结合生活节奏和活动的安排，在特定空间中体现生活理想。其产品的核心是一段完整而特别的生活经历。

观察发现，其中环境艺术手段具体包括了建筑形式、色彩、装饰和景观小品、质感材料、背景音乐、光线设计等，体现为一种综合的微观空间艺术。

与一般地方不同的是，多数此类文化创意设施将活动内容宣示于店面招牌中，通常用发呆、音乐、写字、艳遇这些容易引人遐想的字眼，吸引游人。在功能区的设计方面普遍设有公共空间，例如前厅的小酒吧、留言簿和涂鸦墙，为志趣相投的陌生人之间提供交流的机会。

（二）文化价值的体验交互（见表 3–4）

表 3–4　体验者对凤凰古城文化价值认知、体验和互动方式的扎根分析

材料来源	原始材料（示例）
1.访谈：北京青年女教师	这个地方住得长一些才好，这样就可以好好地听这个夜夜笙歌。就这样坐在水边感觉就挺好的，跟这些年轻人在一起，慢慢度过时间。看着人来人往的，大家都高高兴兴的，自己也挺高兴的。这里离城市比较远，青山绿水的。今天第一次发微信，太想和人分享了。和故宫、长城比起来，这里更让人感觉轻松，不用去了解那么多知识，可以自己去感觉。
2.访谈：青岛女孩（间接）	有个青岛来的女孩，去年在我们这里住了一个多月，她说她就喜欢在这里安安静静地住着。这个有点贵，我们后来都不忍心了，叫她换一间不临江的房间，她不肯，就要住这间。

① 余秋雨 . 何谓文化［M］. 武汉：长江文艺出版社 . 2012：6.

续表

材料来源	原始材料（示例）
3.留言簿	来到这里收获了很多，想通了很多事情。我在这里，在想你。
	你走过的路，我愿追随你的脚步。
	陈某某，我知道我们现在都很辛苦，我希望，这一切都值得。
	更多时候，旅行只是让自己停下来，拍照、写字、唱歌通通不需要，不计算时间、得失。
	这一年发生了太多事，伤感疲惫，还好，终于我还是来了，好放松啊。
	美丽的不只是风景，还有我们的心情。
	我也要有这样一家店，不想回去，不想要现实，希望下次来时心态可以不一样。
4.涂鸦	我二十一岁了，还没有得到想要的东西，所以才那么的热爱生活。
	醉在凤凰，下一个雨中，愿自己不会一个人走在凤凰，漫步沱江。

通过对体验者的价值认知和体验特征分析，可以发现：

第一，对于很多体验者，凤凰的文化价值核心在于整体构建的精神世界，包含的美好、开放、反现代等特质和生活启示对于现代人具有特别的意义。

第二，体验者主要通过全新生活方式的体验，收获文化价值。他们从事较为松散和随性的活动，自由的抒发情绪和感想，参与各种文艺性的创意活动，并进行多种互动。

第三，体验者通过创意活动和互动过程，参与到文化价值的集体构建中来。他们的愉快和友善，相互感染，促发情绪，其唱歌、喝酒、购物、写作、戏水等行为成为体验者的风景。一些活动的痕迹保留下来，如留言、涂鸦和网络文学，作为新的文化元素进入凤凰的文化系统。游客的消费激发了构建者的投资和创作，其中一部分甚至转变为构建者。由于平台的开放性，新的文化价值、文化内容和文化景观被不断地创造出来，发生着集聚、交互、物化和演变的过程。

四、文化遗产价值在创意开发中的现代实现

（一）文化遗产旅游开发的意义与评判

文化遗产具有特殊社会文化意义。在当代中国，文化遗产的文化价值突出体现在反功利主义和反物质性，在于其所蕴含的生态的、开放的、轻松的、精神性的生活，为现代人摆脱紧张、压抑、过于功利的生活提供机会和启示。文化遗产历久不衰，尤其像凤凰古城这样一个完整的社区系统，是一个文化价值宝库，将长期为不同时代的人们提供珍贵的信息样本。大量体验者之间的传播、感染和共同的构建是凤凰古城文化价值构建的重要方式。游客的行为相互感染，共同营造起美好的文化景观。也可以说，在这个空间平台上，人们也在共同创造一种新的文化——一种基于文化遗产而富有时代精神的新的文化。这个新的文化系统中充满了富有美感、趣味和精神慰藉力量的元素。新的文化精神、内容和景观被塑造出来，并且不断地发生体验交互过程。

文化创意产品的构建以理想的生活方式为产品的核心。对于很多现代游客而言，文化遗产的吸引力来源于一种整体的美感，偏于情感方面，而非确切的历史、文化和科学等方面的信息。这虽然是遗产价值的一种缺失，但却是目前客观存在的一种现象。另外，通过旅游体验的方式，现代人接受并享用文化遗产的价值。旅游是人们享用文化遗产的重要方式。构建者在其中发挥了一种媒介作用，通过文化创意设施、旅游演艺、创意等文化创意的生产方式，他们一方面将遗产的文化价值以现代人喜闻乐见的方式表达出来，另一方面，他们构建出来了文化遗产在现代条件下的信息版本，创造出了新的价值，得到了广泛的认同。

基于前述存在一个新的文化现象，我们不能简单否定文化遗产地的旅游开发和商业化，但要注意开发的方向和度。例如，凤凰古城在大规模旅游开发之前，已经随时代变化而走入现代化进程，实际并不存在一个理想而完整的传统文化系统，外来的开发者、游客与本地政府、居民一道，共同重新认知了传统文化的现代价值，既包括经济价值，也包括社会文化方面的价值。凤凰的现代化和商业化不是旅游带来的，至少不等同于旅游化。关于这个问题，还有待长期观察和更多案例的研究。

以文化创意的模式构建文化价值，在缺乏引导和管理的条件下，完全可能出现良莠不齐的紊乱状态：产品的质量和文化价值不一定都高，低俗文化倾向（如消极生活态度、纵欲的生活方式等）在商业利益的驱使下必然滋生。在这一方面，需要实行更高层面更高水平的管理。初步建议，在未来的文化遗产保护和开发工作中，除国家的文化遗产保护管理体系（文物保护、建设、宗教等部门），以及地方政府（或社区）管理体系外，还应当建议国家层面的遗产文化管理部门，其中含有一个文化发展专家委员会，以指导新的文化产品的价值识别、发展方向和进入门槛设置。另外，一些文化遗产地，已经自发地成长为开放的文化体验平台，人们以自己的方式去理解它、欣赏它并塑造它。除旅游开发带来的经济效益和文化风险以外，还应当进一步观察和研究这些遗产地产生的新的文化现象，加强管理，有力疏导，使之在现代社会中更好地发挥传统文化的时代价值。

（二）文化遗产价值创意构建与体验的基本特征

综合前述观察、访谈和扎根分析，可以得到以下研究结论：

（1）价值构建。文化遗产所包含的哲学和情感等方面的价值在当前时代背景下具有特殊意义。一些文化创意旅游构建者以文化遗产为基点，传达新的文化价值信息，影响大众，是值得关注的社会文化现象。构建者通过建筑、色彩、材质、装饰和景观小品、氛围营造等手段，营造富有生活理想的文化空间。

（2）价值体验。旅游者从被加工好的文化产品中汲取遗产价值，从中获取精神启示和慰藉。由于当代旅游者的行为特征和倾向，以文化创意方式构建的新的产品具有突出的吸引力的现实意义。

（3）文化与社会效应。体验者与构建者一起，共同创造者新的文化精神、文化景观和文化内容，使文化遗产地成为一个富有时代精神的文化平台。文化遗产所承载的反功利、反物质主义的生活理想对于游客和当代社会具有重要意义。这也是文化遗产研究、保护和开发工作中非常值得关注的领域。

（三）基本研究结论

第一，旅游开发不等于商业化和现代化。文化创意旅游的开发依托于文化遗产，同时又创造文化，以新的方式实现遗产的文化价值。应将所谓凤凰文化区分为理想的地方文化、现实的地方文化、现实的外部文化和异化的外部文化去加以认识。在凤凰古城存在一个文化的交互构建平台，多种文化相融合，塑造出符合现代需求的理想文化。在凤凰，这一塑造过程是由部分构建者引领的、自发的、开放的、集体构建过程。

第二，构建者主要从自身的精神需求来认知凤凰的文化价值，包括了自我对生活理想的追求和分享。构建者综合采用多种环境艺术手段，结合生活节奏和活动的安排，在特定空间中体现生活理想。其产品的核心是一段完整而特别的生活经历。

第三，体验者不太关注遗产地的明确的历史信息和科学价值，主要通过生活的方式体验来收获文化价值。体验者通过创意活动和互动也参与到文化价值的集体构建中来，共同创造新的文化价值、文化内容和文化景观。

第四，构建者和体验者对生活理想的追求和分享是其构建行为的主要动机。该过程是自发的、开放性的和集体参与的过程，双方以自己不同的身份和视角创造新的文化价值、文化内容和文化景观，在现代条件下实现遗产的文化价值。

（四）未来观察

遗产的文化价值既包含了历史、文学艺术、科学、经济等方面的内容，更包括了哲学、情感等方面因素。在目前中国经济社会快速发展的特殊时代背景下，文化遗产所承载的哲学和情感价值十分关键，它对人们具有生活启示和慰藉作用。关于遗产文化价值的特征，对于现代普通游客，较少人去了解和研究准确的历史和科学等方面的具体信息，而倾向于从整体上体验和把握遗产的整体信息。构建者从自己的角度出发，解读文化遗产中的现代价值并以现代人所便于接受的方式展示出来，将文化遗产与现代大众之间搭建起情感的联系，比起生硬地传达一般的历史和科学信息，具有重要的启示和社会意义。除追求商业利益外，构建者在这一过程中的动机主要还包括分享和自我实现等。构建者发现、主张和实践某种生活理想，同时影响和引领大众。这既是遗产旅游开发中值得关注的现象，也是社会文化管理工作中值得注意的现象。

1. 关于商业化反思之再反思

文化遗产旅游开发中的商业化问题一直是被高度警惕的。但对凤凰古城研究表明，不仅应将旅游开发与商业化和现代化分开来，更要关注文化创意旅游开发对于遗产文化价值的现代实现的作用。我们需要客观地认识，理想状态的传统文化系统在旅游开发之前并不存在，理想的文化系统模型往往是由一定时代背景下的文化追求而被构建起来的。事实上，就凤凰旅游对于唤醒传统文化记忆和满足现代人的精神需要而言，它已经实现巨大的文化价值。凤凰作为一个特殊的文化遗产地，经历了由自发的到自觉主动的开放的集体构建过程，这种特殊性使它成为一个难得的文化观察范本。

2. 一个特殊的文化空间

由于平台的开放性与交互特征，凤凰古城的主客关系呈现复杂的状态。客源地和目的地的文化在此交融互动。一部分代表性的经营者发挥了引领性作用，其他外来经营者、本地居民和地方政府顺势而为，发挥了辅助性作用。经营者基于自己的文化价值认知来构建文化，并引导了其他人的文化认知，也引发了对地方文化的重新审视。大量的个体参与到文化价值构建过程中来，使文化系统具有“共有”的性质，主人和客人的地位发生了变化，外来者很大程度上发挥了主人的作用，甚至移居生活于此。

这种主客关系倒置的情形不禁使人们疑惑，谁是凤凰真正的主人，什么是凤凰文化价值的核心内容？笔者对此有以下两点思考：第一，在中国古代田园诗中，陶渊明从乡村景观中看到的生活精神和哲理一定是他身边其他农夫所看不到或不能理解的。可见，文化价值与生活背景及文化诉求有关，也与能力和境界有关。第二，当前凤凰古城的文化是集体构建起来的，凤凰也成为很多人共有的精神家园。这一过程中产生出了一批吸收了遗产文化元素的文化产品——富含文化信息的空间艺术品，创造出了新的文化景观、文化内容和文化价值，空间内流动着大量的边缘文化、先锋艺术以及普通人的精神和情感元素。基于此，我们至少应当允许探讨，在中国（或世界上）的局部的地方，可以容忍出现一些这样的空间，作为开放性的文化平台让人们来感知、体验和创造文化价值，可以容忍某种混杂的情形，可以让那些理想化的、年轻人的、先锋的和边缘化的文化现象和元素相对自由地生长、集聚、交流和衍生，至少为在现代条件下实现遗产的文化价值提供一个观察的标本。

结语　中国文化创意旅游发展的思路

中国在文化创意旅游产业的发展实践上已经探索出了一种模式和道路，在国际上产生了很大的影响。在这方面，中国确有自己的独特优势。第一，中国拥有丰富的文化和自然遗产资源用以开发文化创意旅游；第二，中国拥有快速发展的创意阶层支撑文化创意旅游事业；第三，中国有巨大而多样化的旅游消费市场；第四，中国有合宜的政策条件，文化、创新、旅游，都成为政府关注和支持的发展领域。

第一，从构建文化感召力高度认识文化创意旅游的发展。未来城市或国家的竞争，不仅要依靠财富和科技，还要抢占人类文化价值的高地。中国要努力成为世界人民向往之地，为全人类提供有意义、有品位、有示范价值的生活，并在这个过程中输出文化价值观，发挥影响力。

第二，系统保护和构建国家文化价值。提升文化、规划和旅游等部门及业界对中国文化的认知与自信。主动干预文化系统，保护文化遗产，扶持和保护文化系统中的重要而脆弱的要素（如老城社区、民间文化艺术组织、传统生活仪式和技艺、生活服务业老字号等），编列名录和生存状态报告，形成预警和挽救机制，确保其长期生存，并实现在现代环境中的价值发挥。以全球受众的视野重新审视城市规划建设中的文化价值体现。在新建项目、景观打造、环境更新等方面均应注意地方文化的传承体现。

第三，在发展中注意文化资本的固化。在开发中实现文化有机更新。应在发展中注意文化资本的固化，克服流动性带来的文化和资本风险。集中打造具有中国文化根植性的项目，避免西方文化旅游项目占据市场中心。从短期来看，引入西方的文化创意旅游项目有利于提高文化与服务行业的整体水平，满足游客和居民的消费需求。但是从长期来看，根植于中国文化的项目更具有可持续发展的潜力，文化资本流失的风险相对较低。应把握好开发中的力度和方式。提供游客深入文化系统的机会并进行严格限制。积极引导文化系统（如创意社区）自治管理，稳定居民结构，协调相关利益者的矛盾。

第四，积极培育本地创意阶层。通过制定产业扶持政策、奖励业界精英、引导高校专业发展以及支持整体营销等方式，确保人力资源要素的健康成长。有计划地保护和支持非物质文化遗产传承人，支持示范区中民间文化艺术机构的活动，促进创意阶层和经营业者融入本地社区。

第五，开发中实现文化有机更新。应把握好开发的力度和策略。提供游客深入社区的机会并进行严格限制。积极引导社区自治管理，稳定社区居民结构，协调社区内、社区与游客、社区与经营者的矛盾。